まんが 事例で学ぶ消防法

〔警防編Ⅱ〕

119! あさひヶ丘消防署

編著　消防法令研究会
作画　石　田　　悟

東京法令出版

はしがき

『『本当にこれでよかったのだろうか。やはり、別の方法があったのではないか。』……火災現場の帰りにはこのように思うことが多いんです」……火災現場に関する法律相談を受けたとき、ある隊長がこんなことを話されたことがあります。

「消火活動や救急活動の現場は、瞬時に判断を求められる現場であるため、十分に事案を考慮する時間がない」という災害現場の特性が、このような思いに駆られる要因の一つなのかもしれません。

さて、法律用語の中に「萎縮的効果」という用語があります。これは、憲法で保障される「表現の自由」の規制に関して用いられる用語で、「規制の基準が不明確もしくは広汎に失する場合には、国民はその適用を恐れて本来自由に行うことができる表現行為までも差し控えるという効果」と定義される用語ですが（参考判例：最大判昭和五九年一二月一二日民集三八巻一二号一三〇八頁「税関検閲事件」）、先ほどの隊長の思いもまさにこの効果に類似すると思われます。

消防活動等に関する法務事案のお手伝いをさせていただいていると、「活動現場でのトラブルを恐れるあまり、本来は適法行為として行使できる権限であるのに、行使しない」と思われる事案に遭遇することがあります。そのような事案を誘発する要素には様々なものがあると考えられますが、その中の一つに「萎縮的効果」での説明と同様の「どこまでが適法行為なのか明確な基準がないから」という要素が影響しているものと思われます。

本書はそのような思いに駆られる方々の不安を解消する参考資料として、「どこまでの行為を適法な権限行使として行うことができるのか」という視点で執筆させていただきました。どの内容も、事案を分かりやすくするために一部変更してありますが、すべて実例を参考にし、法律実務にも配慮してできるだけ多くの判例及び裁判例を掲載してあります。本書が、現場で「適切な決断を迫られ、緊張状態に置かれている」隊長及び隊員の皆様が「積極的な消防行政の遂行」を目指すうえで、少しでもお役に立てれば幸いです。

最後になりましたが、執筆に際し法律実務の観点からご指導をいただいた元川越簡易裁判所判事・故石毛平藏先生、編集・構成に関しご尽力をいただいた東京法令出版・芳賀俊明氏、及びシリーズ第三巻の発刊にいたるまでご支援いただいた「月刊消防」の多くの読者の皆様に感謝申し上げます。

平成一七年七月

消防法令研究会

目　次

まんが事例で学ぶ消防法〔警防編II〕

119! あさひヶ丘消防署

〔判例集等略語表〕

民録	大審院民事判決録
民（刑）集	最高裁判所民事（刑事）判例集
高民（刑）集	高等裁判所民事（刑事）判例集
下民（刑）集	下級裁判所民事（刑事）裁判例集
判時	判例時報
判タ	判例タイムズ

119！ あさひヶ丘消防署

第１話　緊急自動車の優先通行権と避譲義務

すべての出来事は
このマイクを通じての
私の措置で
起こったことで
あった
その日
ある火災に
出場した私は
なぜか
焦っていた
現場は
ある繁華街の
雑居ビルの
火災で
BAR 6F
CLUB 5F
RAN
Club
BLUR
焼肉
JOY
ZEN
SKY
レオン
CAKE JOY
最先着小隊の
報告から
予断を許さない
状況となって
いた
ウ
ウ
ウ

A隊長
次の交差点を
右に曲がった
ところが予定
水利です
機関員の
言葉に促され
私は周囲の車両に
避譲措置を
求めるべく
拡声装置を
手にした
しかし
週末の夜と
いうことも
あって
交差点は
車両で渋滞
しており
車両は
道を
空けて
ください
と私はすぐに
各車両に
避譲するよう
に拡声したが
思うように
いかなかった
そんな中
右折待ち
先頭車両の
運転手Bが
免許取り立ての
初心者で
あったため
道を
空けて
くだ
さい
という私の
拡声に驚いて
交差点から
慌てて出ようと
反対車線を見ずに
アクセルを踏み込ん
だところ

前方から来た対向車と
接触してしまった
キャー
幸いこの女性Bは軽症で済んだが
翌日この女性Bの父親と名乗る男性から私あてに電話があり
グラッときたら火の始末
娘が交通事故を起こしたのはあんたが無理に避譲を命じたためだ
といって今後法的措置も辞さないと言っているのだが
この場合はどのように考えればよいのでしょうか

第１話　緊急自動車の優先通行権と避譲義務

「火災は刻々とその状況が変化する」

この表現に表されるように、火災現場においては火災通報から消防車両の現場到着そして消火活動に費やす時間の長短が、被害の軽重を決める大きな要素の一つとなっている。

そのため、各市町村は消防組織法（以下「組織法」という）第六条に規定する消防責任を十分に発揮するために、同法第九条で消防車両出場の拠点でもある消防本部・消防署及び消防団を設けて、早期鎮圧を目指した万全の体制をとるようにしている。

その一方で、仮に消防署等が十分に整備されたとしても、「これらの消防署等と火災現場」を結ぶ出場経路に車両の渋滞等による通過障害がある場合には、消防車両の迅速な火災現場への出場は期待できない。

そこで、立法者はこの点に留意し、消防車両に優先通行権を与えることで、組織法で整備された消防署等と火災現場を結ぶ法定の消防車両専用道路を設け、できるだけ早く火災現場に消防車両を送り込むことを目的に、消防法（以下「法」という）第二六条において、「出動消防車の優先通行権等」を規定している。

さて、火災現場に出場する消防車両については、道路交通法（以下「道交法」という）で「緊急自動車等」（第三章第七節）として、道交法に規定する内容に対する特例が設けられているため、緊急走行に関する態様は道交法の規定だけで十分にまかなえる。

そのため、法で優先通行権を設けた点を疑問視する考え方もある。

しかし、消防法上の規定内容は、道交法では規定されていない「歩行者」にも避譲義務を課していることから、道交法以上に消防車両の優先通行権を手厚く保護していると考えられ、ここに同条が規定された理由の一つがあると考えられる。

実務における考え方

法及び道交法においては、消防車及び緊急自動車（以下「消防車両」という）の優先通行については、避譲義務を車馬、消防車両以外の車両及び歩行者（以下「一般車両等」という）に避譲義務を課す旨を規定しているのみである。

その一方で、実際の災害出場においては、現場までの迅速な走行を確保するため、緊急走行中の消防車両からその他の車両に対して避譲内容（消防車の進行方向、その他の車両が避譲する方向等）を具体的に伝える場合がある。

そのため、本事例のように消防車両から伝えられた避譲方向に一般車両等が避譲した際に交通事故等を発生させた場合には、「消防車が『行け』といったから行ったんだ。すべては、状況をよく確認しない消防が悪い」といった苦情が寄せられ対応に苦慮することも十分考えられる。

そこで、以下では、避譲措置についての法的評価、及び一般車両等による避譲措置についての安全確保も消防車両の機関員に課される注意義務に含まれるのかについて検討する。

まず、「避譲措置の法的評価」についてであるが、前記のとおり、関係法令では一般車両等に避譲義務を課すことで、消防車両の優先通行権を確保する条文構成をとっている。

これは、一般車両等の有する私的な運行利益も、消防車両の担う災害の鎮圧という公益的な任務を遂行するためにはその範囲内で制約を受ける、すなわち「緊急走行している消防車両が来たら、一時停止して当然に道を空ける」という条理上も認められる考えを立法化したものと思われる。

さらに、道交法では、避譲の方法を緊急自動車の走行により適した形で避譲させることを目的に、緊急自動車である消防車両に対する避譲措置としては第四〇条及び第七五条の六において、消防用車両に対する避譲措置としては第四一条の二において、具体的な避譲の方法を規定している。

つまり、一般車両等の運転者は、緊急自動車が走行してくるのを発見した場合には、緊急走行を行う消防車両からの避譲の通知の有無にかかわらず、運転者自らの責任において法令に規定された措置をとる必要があると結論づけられる。

次に、「消防車両の機関員に課される注意義務の範囲」についてであるが、まず、現在の交通事情をめぐる状況からすると、原則として一般車両等には「交通秩序にしたがった適切な行動にでることを信頼するのが相当である」という状況が認められる（講学上「信頼の原則」という）。

（判例同旨：最判昭和四三年七月二五日・判時五三〇号三七頁「交差点において、合図もなく軌道を斜めに横断して右折を開始した対向車に衝突した自動車の運転者に対し、自動車損害賠償保障法三条の免責を認めた事例」、最判昭和四三年九月二四日・判時五三九号四〇頁「交差点において追抜き態勢にある自動車運転手の並進車に対する注意義務の範囲について判示した事例」）

よって、原則として消防車両の機関員は、この考え方をもとにあくまでも「自車（緊急自動車）が一般車両等に与える可能性のある損害の回避」に関して注意をすれば十分であって、「一般車両が避譲措置を講ずる際に他の車両に与える損害発生の回避」については明白な場合を除いて注意義務には含まれないと考えられる。

したがって、これらのことから、消防車両が緊急走行時に行う避譲内容の通知は、法律効果を生じない事実行為であって、その通知内容が現場の状況から著しく妥当性を欠く場合を除いて、通知があった避譲措置現場で交通事故等の損害が発生した場合であっても、その措置を行った運転者が責任を負うと考えられる。

本事例の検討

事例は、緊急走行時の消防車両が、交差点内に進入していた一般車両に避譲措置をとるよう促し、促された運転者Ｂが緊張のあまり周囲の状況を確認せずに交差点を右折したために対向車と衝突した件について、Ｂの父親と名乗る者から寄せられた苦情である。

なお、検討するにあたっての前提として、

① 消防車両は、道交法第三九条に規定する緊急自動車の要件をすべて満たしている

② Ｂが運転する一般車両は、右折待ちのため交差点中央付近で待機しており、進行方向の信号の色は青色である

と仮定する。

次に、Ｂの避譲措置に関する評価であるが、事例のような場合の避譲の方法は、法第二六条及び道交法第四〇条では、

「交差点を避け、かつ、道路の左側に寄つて一時停止しなければならない。」

と規定している。

したがって、Ｂもこれらの条文に基づいて、自分の責任で速やかに交差点を右折、若しくは直進することで交差点を通過し、すぐに道路の左側に避譲することが法律で義務付けられている。

そのうえで、Bの引き起こした交通事故に関する評価であるが、

① 避譲措置に関する隊長の通知に妥当性が認められること

② 前記のとおり避譲措置に関する損害発生は避譲義務者がその責任を負うこと

からすると、事故についてもBが責任を負うべきものであると考えられる。

確かに、Bは「運転免許を取得して間もない初心者である」という特別な事情を考慮することも考えられるが、そもそも運転免許は自動車等の運転について必要な適性、技能及び知識を有した者に与えられることから（道交法第九七条）、初心者でも避譲措置に関する技能及び知識を有しているとみなされる以上、「初心者の避譲措置実施中における注意義務」について特別な配慮を行う必要はないと考えられる。

結論として、本事例について、Bの引き起こした交通事故により発生した損害についてはBが償うべきものであり、A隊長の消防本部を設置する市町村が償うべきものではないと考えられる。

119！ あさひヶ丘消防署

第2話　緊急自動車と交通事故

緊急自動車は、一体、どこまで責任を負えばよいのか……今回は、そんなことを改めて考えさせられる事案であった

私の隊の救急機関員Ｂは救急機関員として十数年働いている経験豊富な職員で

署内でも、多くの職員がその技量を認めるほどの存在であった

そんな中、先日『○○駅に急病人』という指令を受け、
私はある救急現場に出場した
ピーポー

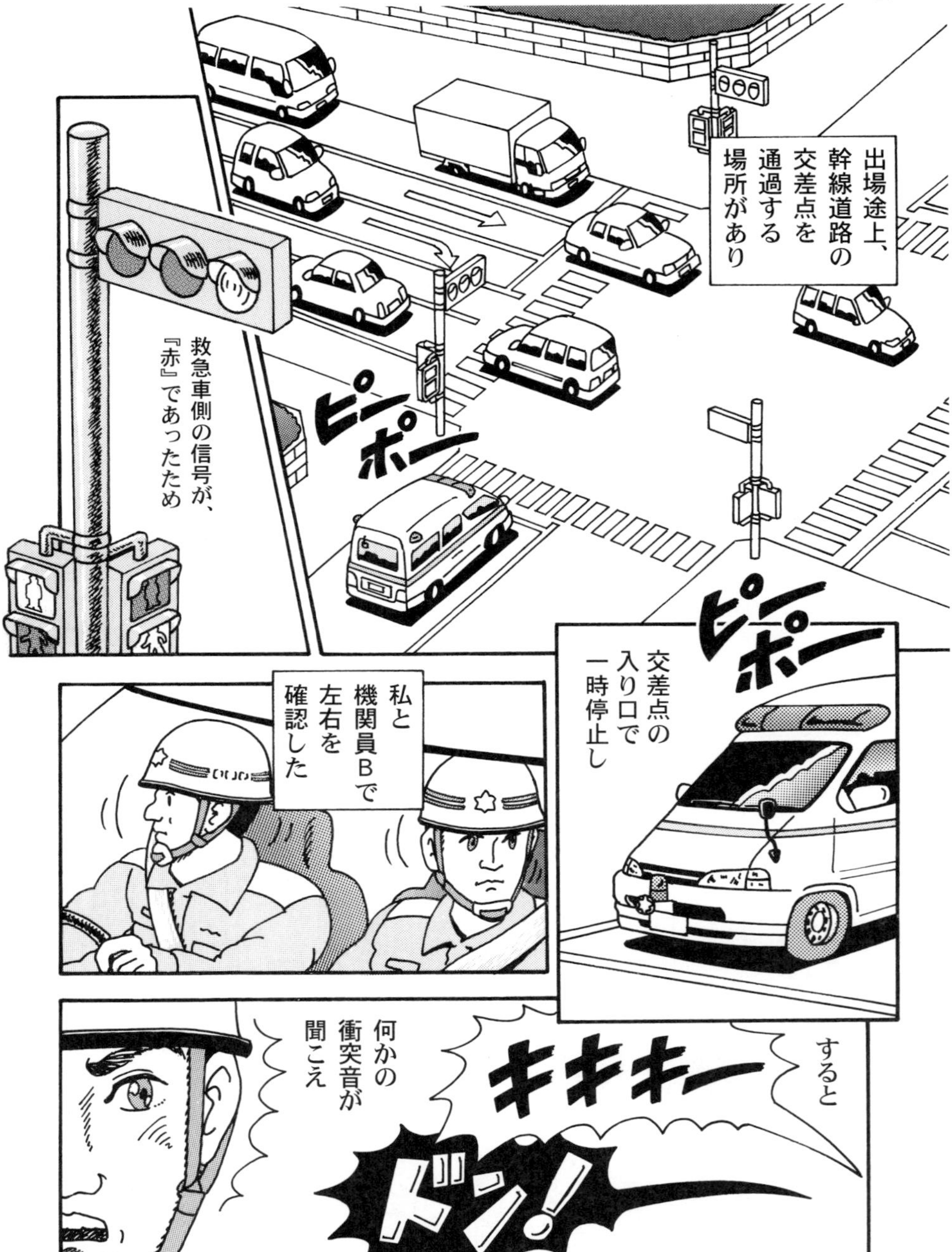
出場途上、幹線道路の交差点を通過する場所があり
ピーポー
ピーポー
救急車側の信号が、『赤』であったため
交差点の入り口で一時停止し
ピーポー
私と機関員Bで左右を確認した
すると
キキキー
ドン！
何かの衝突音が聞こえ

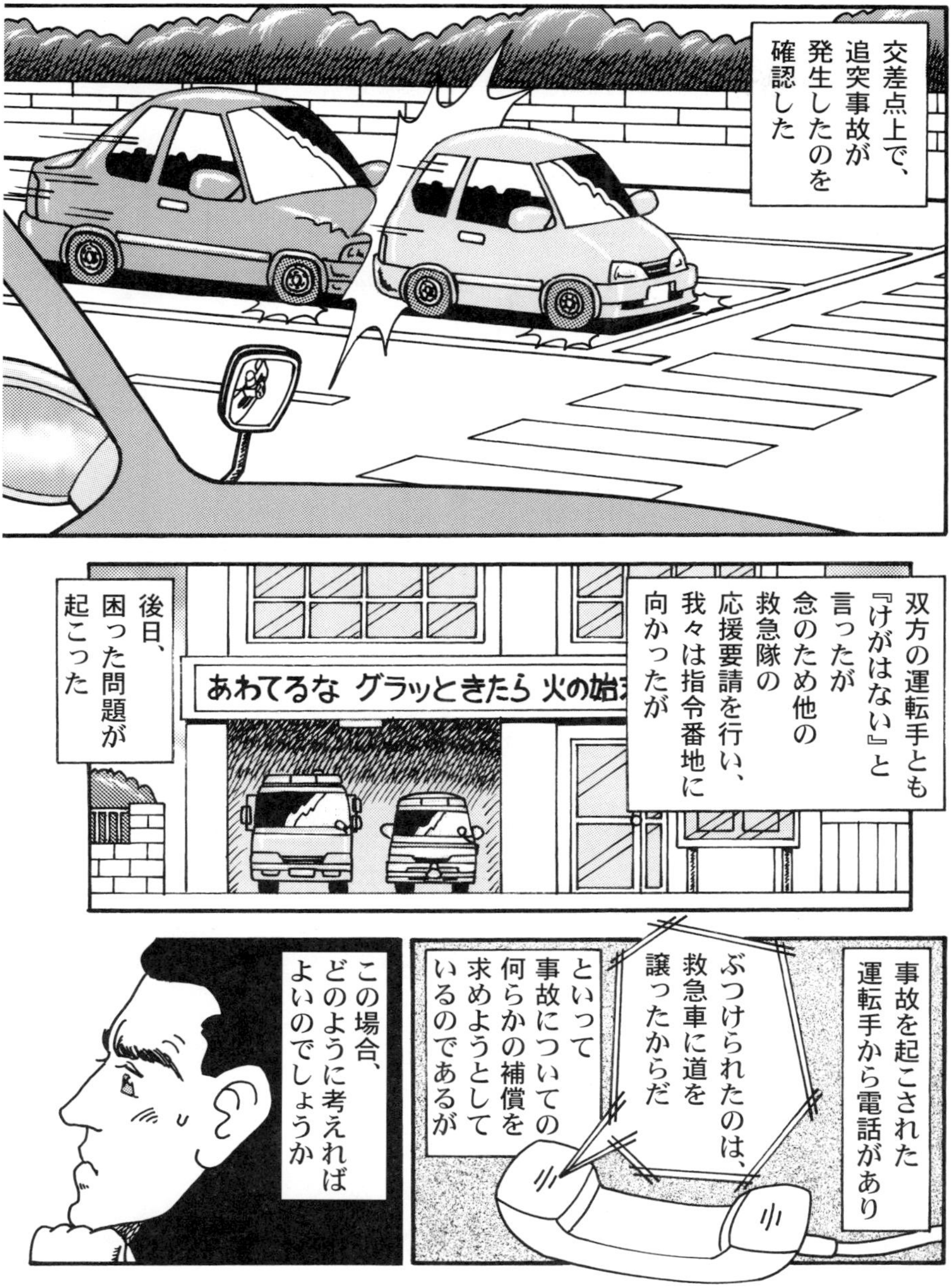
交差点上で、追突事故が発生したのを確認した
双方の運転手とも『けがはない』と言ったが念のため他の救急隊の応援要請を行い、我々は指令番地に向かったが
あわてるな グラッときたら 火の始
後日、困った問題が起こった
事故を起こされた運転手から電話があり
ぶつけられたのは、救急車に道を譲ったからだ
といって事故についての何らかの補償を求めようとしているのであるが
この場合、どのように考えればよいのでしょうか

第2話　緊急自動車と交通事故

救急出場に際して緊急走行を行う救急自動車には、道路交通法（以下「道交法」という）により「緊急自動車」として様々な特例が認められているが、事例の停止義務の免除の特例もその一つである。

道交法は、停止義務の課される場所として、事例の「信号機の信号による停止（赤信号による停止、道交法第四条第四項、第七条及び道路交通法施行令第二条第一項）」もその一つに規定しているが、緊急自動車については、「停止することを要しない」としている（道交法第三九条第二項）。

ただし、この場合においても、信号に従って走行してくる可能性のある一般車両との衝突も予想されるため、徐行する義務を緊急自動車に課している。

そのうえで緊急自動車の交通事故に関する裁判例の傾向をみると、徐行をしてもなお衝突する危険性が具体的に認められる場合には、その結果を回避すべき義務を緊急自動車に課し、その措置として一時停止を求める傾向にある。

（ただし、裁判例においては、一時停止義務を明確に判示しているわけではない。東京高判昭和四四年四月二四日、判時五七二号八六頁「青色信号に従って交差点に進入したコンクリートミキサー車が、左方道路からサイレンを吹鳴して進行して来た緊急自動車に衝突した事例」）

そのため、実務においては緊急走行時、進行方向が赤信号の交差点に進入する際には、一時停止まで行うことが推奨されている。

実務における考え方

道交法及び消防法では、交差点又はその付近において、緊急自動車である消防車両等が接近してきたときには、緊急自動車以外の車両は、交差点を避け、かつ道路の左側によって一時停止しなければならないと規定されている（道交法第四〇条及び消防法第二六条）。

ところが、「交差点を避け」という内容は、走行中の車両の位置・速度等の諸状況によって異なり、大別すると、

① 交差点を通過した先で避譲する

② 交差点の手前で停止して避譲する

のどちらかとなる。

そして、特に②の措置を講じる場合、交差点の手前でブレーキによる強い減速措置を行うことがあり、状況によっては後続車との追突事故が発生し、事故に関係する当事者から「緊急自動車のためにやったのだから、何らかの補償をせよ」といって、その補償を求める矛先が消防機関に向けられる場合もある。

そこで、以下では、このような場合にどのように考えるのかについて検討する。

まず、消防車両の側について検討すると、緊急自動車として「進行方向が赤信号の点灯を示す交差点」を通過する際には、直ちに停止できる速度での走行（＝「徐行」）を行い通過場所の安全を確認する義務が課されている。

そのうえで、青信号で同交差点に進入してくる一般車両にとっては、

①「青色」という表示は進行方向の交差点をそのまま通過してもよいという期待を運転者に与え

ること

② 緊急自動車の発するサイレン及び赤色の警光灯は交差点の周囲の建物状況等により確認しづらい場合があること

から、緊急自動車の交差点への進入と同時に直ちに避譲措置をとることが困難である場合もある。

そのため、緊急自動車として赤信号の交差点に進入する場合であっても、一般車両に予知させ、その進行を急激に妨げないような時期と方法を選んで進入することが求められる。

（判例同旨：昭和五〇年九月九日、民集三〇巻一〇号一〇〇一頁「警察車両が自動車専用道路で転回行為をしたため、反対車線の車がこれを避けようとして発生させた追突事故につき、警察車両の運行に過失があるとされた事例（千葉県警ジープUターン事件差戻控訴審判決）」）

さらに、周囲の状況から追突の危険性が具体的に予見される場合には一時停止し、当該車両が通過後に進入することが求められる。

したがって、緊急自動車として赤信号の交差点に進入する際には「徐行⇩適切な進入時期の判断⇩衝突の回避⇩進入」という流れが求められ、これらを行わずに進入したために衝突事故が発生した場合には、消防車両側に過失が認められる可能性が高くなる。

次に、一般車両の側について検討すると、前記のとおり緊急自動車接近時には避譲措置が求められるが、その措置をとる際でも、衝突等の危険を防止するためやむを得ない場合を除いては、急ブレーキをかけてはならないとしている（道交法第二四条）。

したがって、交差点付近で避譲措置を行う場合、その速度及び状況から仮に手前で止まるには急ブレーキによる減速しかないと判断される場合には、緊急自動車との衝突が予見される場合を除いて、交差点を通過したうえで停止する措置が求められる。

したがって、そのような状況にもかかわらず、急ブレーキをかけ結果的に衝突事故が発生した場合には、その措置を講じた一般車両側に過失が認められる可能性が高い。

本事例の検討

本事例は、緊急自動車が交差点に進入しようとした際に、避譲措置を講じた一般車両が急ブレーキで減速したため、後続車と衝突したという事例である。

なお、本事例の検討を行うにあたり、救急車両及びその走行は、緊急自動車の要件を満たしているという前提で検討する。

まず、事故発生に至るまでの救急車の行動であるが、

① 片側一車線の道路から三車線の広い幹線道路へつながる交差点に赤信号で進入するため徐行を行った

② そのうえで、幹線道路を青信号で走行する一般車両の中には緊急車両が通過することを十分に認識していない車両がいるかもしれないと判断し、交差点の入り口で一時停止した

③ 一時停止後、左右を確認し状況を判断したが、この際には停止した状態のままで交差点には進入していない。よって、一般車両の進行を妨げるような進入を行っていない

という状況が認められる。

これらの状況から判断すると、①では道交法で求められる徐行義務を、②では裁判例で求められる衝突回避義務を履行し、③では判例で求められる交差点への適切な進入要領を行っている。

したがって、事例の救急車両に過失が認められる可能性はないと考えられる。

なお、事故を起こした相手方は「救急車両の進入がなかったら事故は発生しなかったのだから、消

防が責任を負うべきだ」とし、救急車両の緊急走行と事故発生の因果関係を認めるよう主張している。

しかし、本事例で適用となる国家賠償法第一条は加害行為と損害発生との間に相当因果関係が必要であると判例は判示している。

（一例として最判昭和五九年三月二三日、民集三八巻五号四七五頁「浜辺に打ち上げられた旧陸軍の砲弾が爆発し人身事故を生じた事案について、警察官がその回収等の措置をとらなかったことが違法であると判示した事例（新島漂着砲弾爆発事故事件上告審判決）」）

本事例では、救急車が具体的に一般車両の進行を阻害したという事実が認められない以上、救急車の進入と交通事故の発生の間に因果関係の相当性はなく、両者の因果関係は認められないと考えられる。

119！ あさひヶ丘消防署

第３話　火災現場での住民への財産搬出指示義務

火災現場では、どこまで指示をすればよいのか
今回は改めてそれを考えさせられる事案であった
消防署で大隊長を務める私は
ある火災現場に出場した
現場は倉庫火災で
第8倉庫
一棟の倉庫から火炎が噴出し、もう一方の倉庫は延焼のおそれがあるが未燃の状態であることを確認した
第8倉庫
第7

しかし、延焼状況から判断すると、出場隊のみでは隊数が不足することから
大隊長 応援要請、本火災は第二出場
…と所要の隊を要請した
ウ〜 ウ〜
当日は道路事情がよく、出場隊も予想以上に早く到着し
大隊長 包囲完了しました
筒先配備も予想以上に早く
最終的には、全焼一棟と半焼一棟で鎮圧した
ところが、鎮圧後、私が火元建物の周りを歩いていると困ったことが起こった

半焼した建物に荷物を預けている男性が
ちょっと、これを見てくださいよ！
…といって私を呼び止め
倉庫内の焼損した家電製品を私に見せた
男性は
延焼するおそれがあるのなら、なぜ私に荷物の搬出を指示してくれないのですか！
…といって搬出指示をしなかった私に抗議し
消防署に責任をとってもらいますからね
といって、今後、訴訟も辞さない様子であるが
この場合、どのように考えればよいのでしょうか

第3話　火災現場での住民への財産搬出指示義務

「国民の生命、身体及び財産を火災から保護する」

消防法（以下「法」という）第一条に規定する「（消防の）目的」に関する記述である。「なぜ消防があるのか？」という問いの答えがまさにこの条文に集約され、だからこそ、この目的を実現するための活動がすべてに優先するのである。

さて、そのような崇高な使命を有する消防であるが、改めて法第一条を読むと疑問に感じる点がある。

それは、同条の規定が抽象的な文言で規定されているため、どの程度の内容を実現すればよいのかという点である。

そこで、以下では事例でも問題となる「財産の搬出指示義務」に関連して、法第一条の目的を実現するため、火災現場では、住民に対してどのような行動を行うことまで法は予定しているのかを確認したうえで、本事例について検討していく。

「火災現場」で消防が住民に対してできること

法第一条の目的を実現するため、特に火災現場で「消防は何をすることができるか」及び「住民は何をしなければならないか」について規定したのが第六章「消火の活動」である。

同章では「消防ができること」として、第二五条第三項から第三〇条において、具体的な内容を規定している。

そこで個々の条文について、「火災現場で住民に対して命じることができること」という観点から検討すると、同章には、

①　「火災に関係のある者への情報の提供を求めることができる」とする第二五条第三項

②　「火災現場での危険性を考慮し出火建物から一定の範囲にあるものへの退去を命じることができる」とする第二八条第一項

③　「火災現場で住民に対して労力の提供を求めることができる」とする第二九条第五項

が規定されている。

これらの条文は、住民への指示が間接的に第一条の目的を達成することとなる規定（①及び③）と、住民への指示が直接第一条の目的を達成することとなる規定（②）とに大別することができる（前者は、情報の提供等は消火活動に役立つだけであって、それ自体が直接に火災から生命等の保護を図ることにはならないという観点から「間接的に」と表現している）。

火災現場での具体的な実例としては、①については建物関係者等からの出火及び隣棟建物に関しての情報提供、②については消防警戒区域外への退去及び同区域内への立入りの制限、③については火災現場での出火建物関係者等への連絡依頼などが挙げられる。

実務における考え方

法第一条の目的を、火災現場ではどのように達成するか、という点からの法の構成は前記のとおりであるが、本事例の論点を検討するにあたり、解釈上、疑問となる点が生じる。

それは、第六章では、それぞれに具体的な内容が規定されているが、特に本事例で問題となる「財産の搬出指示義務」について直接規定した条文はない。

そのため、規定がない以上、そのような指示を行う義務はないという解釈から、火災現場においては消防に財産搬出を指示する義務は課されていないと結論づける考え方も成り立つ。

その一方で、り災した住民の立場からすると、財産を守るのも消防の目的ならば、適切な消火活動を行う一方で、被害を最小限に食い止めるために、火災状況を的確に把握して住民に対し財産を搬出すべきか否かについて積極的に指示する義務もあると法第一条若しくは条理を根拠に結論づける考え方も成り立つ。

これらの二つの考え方はどちらも論理的には成り立つものとも考えられるが、仮に「財産搬出指示義務」が肯定されると、火災現場を総括する「指揮本部長」の職にあるものは、「消火活動の指揮」以外に、「り災（及びおそれのある）住民への適宜・適切な財産搬出指示（すなわち、現場広報活動）」も行わなければならないため、大変な負担となる。

そこで、この点についてどのように考えるのか、以下で検討する。

これについては、確かに肯定・否定両説成り立つ可能性もあるため、再度、法の規定に立ち返ってみる。

法第六章の立法趣旨からすると、火災発生の場合の財産に対する損害軽減のために消防が行うべき活動は「消火若しくは延焼の防止又は人命の救助」と規定されている。

そのため、同章中の消防に直接関係のある第二六条から第三〇条までの規定は、「消防車両を迅速に現場に到着させる（第二六条）」、「消防隊を車両から火災現場に迅速に到着させる（第二七条）」、「住民を退去させることで現場での円滑な消火活動スペースを確保する（第二八条）」、「早期の火災の鎮圧及び人命の救助のために一定の権限行使を現場活動を行う者に与える（第二九条）」、「円滑な消火活動のため適切な水利を確保する（第三〇条）」という内容で、そのすべてが消火活動を主眼に置く内容となっている。

そのため、消火活動に直接必要でない単なる家財や在庫品の避難的搬出等はその所有者等による自主的な判断で決めるべきものであり、火災現場にいる消防吏員に財産の搬出指示義務が課されるとは考えられない。

（裁判例同旨：大阪高判昭和五五年九月二六日、判タ四三一号九二頁「東大阪市類焼火災損害賠償請求事件控訴審判決」。なお、本段の問題提起における「消防吏員に財産搬出指示義務あり」とする主張は同事件における控訴人の主張である。）

したがって、火災現場においては「財産を保護する」という観点からは「消火活動」に専念すればよいのであって、財産の搬出については関係者に必要な情報を提供したうえで、自主的な判断を促すように対応するのが適切であると考えられる。

本事例の検討

本事例は、大隊長が鎮圧状態になった火災現場を確認する際に、延焼した倉庫を借りている者から荷物搬送指示がなかったということに対して苦情が寄せられた事例である。

本事例についても、基本的な考え方は前記の裁判例同様、大隊長をはじめとする出場隊員としては「消火活動」に専念するのが法第一条の目的を達成する最善の方法であり、事例中の焼きした物の搬出については、あくまでもその所有者が判断すべき内容であって、出場隊に搬出を指示する義務が課されるものではない。

したがって、指示義務がない以上、焼損物について消防の不作為による損害賠償責任は発生しないと考えられる。

また、法第一条はあくまでも法に規定する各条文の立法、解釈及び運用についての基本指針を述べたものにすぎない。

確かに、判例は「任務規定の範囲内で強制力を伴わない行為については、任務規定を根拠に適法に行うことができる」と判示し、一定の場合には任務規定を直接の根拠にすることも可能としている。（最判昭和五五年九月二二日、刑集三四巻五号二七二頁「一斉検問の法的根拠を警察法第二条第一項（警察の責務）に求め適法と判示した事例（飲酒運転一斉検問事件）」）

しかし、

① 搬出指示義務は、状況によっては指示を受けた住民にとっては、強制的に指示されたという状況にもなり得ること

② 法の規定内容からしても前記のとおり認められないこと

から、消防に課される義務とは考えられない。

なお、搬出指示義務については前記のとおりであるが、実務においては、延焼のおそれがある財産について「その所有者が現場付近にいる等で搬出を促すことが容易であり、かつ、所有者が安全に搬出することができる」という要件が認められる場合には、搬出を促す配慮を行うことが、法第一条の趣旨に沿った消火活動につながると考えられる。

119！ あさひヶ丘消防署

第４話　救助活動と指揮者の裁量

外出の可能性も否定できないため、情報担当に居住者の情報についての聞き込み及びマスターキーの手配を下命した
すると
外出したかどうかは分かりませんね
…という報告を受けたため、再度内部を確認する必要があると判断し
マスターキーが入手できなかったため、
特別救助隊長に、下階から単はしごでベランダに進入し、内部を確認するよう下命した
しかし乗り移った隊員から
室内の電気はついていますが、カーテンで覆われていて中がよく見えません
という報告を受けた
私は判断に迷ったが、倒れている可能性も否定できないため
窓を破壊後、内部進入するよう下命した

すると、進入後
男性一名発見！
老人男性が倒れているのを発見し
すぐ近くの医療機関に搬送した
ところが後日になって、この救助活動について傷病者の家族と名乗る者から私に電話があり
何でもっと早く助けてくれなかったんだ！
と、活動が遅れたことについて苦情を言い、何らかの補償を求める気配であるが
この場合、どのように考えればよいのでしょうか

第4話　救助活動と指揮者の裁量

消防法の立法者は、「消防＝火災への対応」という経緯で消防組織が発展してきたという過去の歴史から、消防組織法（以下「組織法」という）及び消防法（以下「法」という）第一条において、まず「国民の生命、身体及び財産を火災から保護する」という火災に対しての活動を消防の任務（目的）として規定している。

これを受けて、法では消火活動現場において「消防ができること」として、第六章「消火の活動」において様々な内容を規定している。

同章は文言からすると「消火活動」に関する内容のみが規定されているようにも見受けられるが、同章の立法趣旨が、法第一条を受けて、火災に対して警防活動の面から消防は何ができるかという観点から規定されたものである以上、火災現場で行う救助活動についても当然に適用される（法第二九条には「救助」という言葉も盛り込まれている）。

したがって、火災については、特別救助隊のように火災救助を主たる任務とする小隊であっても、ポンプ小隊と同様に同章の内容の権限行使を行うことができる。

さて、消防白書によると平成二一年中の救助活動中、火災現場で行われたものは全体の一一・六％であり、残りの八八・四％は火災とは関係のない事象で発生した救助活動である。

したがって、前段の法解釈は、全国の救助事象の約一二％程度の内容を説明したに過ぎず、残りの事象に関する救助活動現場での権限行使について説明していない。法を再度読み返してみても、救助活動に関して直接に規定した章はない。

その一方で、実際の救助活動現場では「交通事故により車内で脱出不能となった要救助者を救助するために、当該車両の一部を破壊して救出する」というように、消火活動と同様の権限行使が必要となる場合がある。

そこで、この点について、どのように考えるのかが問題となる。

これについては、法第三六条第七項がその答えとなっている。

同条は、組織法及び法第一条において、消防がこれまで火災以外の災害にも対応してきたことから「地震等の災害への対応」も消防の任務（目的）として取り入れたことを受けて、「水災を除く他の災害」についても、第六章の規定の一部を準用するとしている。

したがって、本条を根拠に火災及び水災以外の救助事象への出場及び活動についても、消火活動に出場する場合と同様の権限行使（第三〇条を除く）が認められるのである（なお、この考え方は「危険排除」にも当てはまる）。

実務における考え方

「同じ現場は二度とない」といわれるように、救助活動現場も実に多種多様で、これに対応するように救出・救助方法も様々な種類がある。

そのため、指揮本部長は、出場した救助事象に応じて複数の救助活動パターンの中から当該救助事象に最も適した活動パターンを選択し、所要の消防小隊に下命している。

その一方で、要救助者側の立場から見ると救出パターンが複数存在するために、特に救出に際して時間がかかった場合などは「他の救出方法で行えばもっと早くできたはずだ」といって本事例のように消防機関に苦情を申し出る場合もある。

そのため、現場を指揮する者にとっては「現場での判断にどの程度の裁量が与えられるのか」という点が疑問として残る場合が多い。

そこで、以下では「救助活動現場における指揮者に与えられる裁量」という観点から、どのように考えていくのか検討する。

これについては諸説があるが、法では救助活動に関しては被害を軽減すると規定するのみで、要救助者から消防に対して求めることのできる具体的な内容、あるいは消防隊員が救助に際して行うべき具体的内容を規定していない。

そのため、救助活動現場に際しては、出場した指揮本部長が個々の事象に応じて具体的救助活動を考慮したうえ決定し、下命及び実施することができると解するのが相当と考えられる。

したがって、出場した消防隊員によって行われた具体的な活動が、当該救助事象に対して客観的に要救助者を救助するための活動と評価できる限り、すなわち、裁量によってとられた具体的行為が、客観的に要救助者の救助という目的から逸脱しない限り、その内容に「妥当・不当」の評価があるとしても、消防隊員が救助を行わなかったと評価することはできない。

（裁判例同旨：長崎地裁佐世保支部昭和三七年一二月一七日、下級裁判所民事裁判例集一三巻一二号二四八〇頁「警察官の行う救助措置に警察官の裁量を認めた事例」）

つまり、救助活動現場においては、複数の救助パターンが想定される場合であっても、「要救助者の生命・身体に与える影響」、「時間的差異」等が著しく異なる状況が認められなければ、どの救助パターンを採用したとしても、裁量の範囲内にあると評価することができる。

本事例の検討

本事例については、まず、大隊長の状況判断について検討する。大隊長は、到着の状況からは通報事案が本当に救助の必要な状況か判断できなかったため、居住者情報の聴き込みに入り、進入までに一定の時間を費やした。

これについては、確かに人命救助のためには早期の進入が必要であるとも考えられる。

しかし、そもそも本事案はその前提である「要救助」の有無が分からない以上、要救助事実に基づいて行われる救助活動はできないのであり、その事実確認を行った大隊長の判断は妥当であり、これにかかる時間は救助活動の遅延と評価されないと考えられる。

また、仮に進入を急いで、後になって本当は情報収集すればすぐに救助を要しない状況と判断できる場合であったという事情が判明した場合には、状況判断に過失があるとして相手側から損害賠償を求められる場合もあるので事実確認は正確に行う必要がある。

次に、進入方法についての判断について検討する。前記のとおり救助活動についても、法第二九条が準用されるため、救助に必要があれば建物の破壊等も認められる。

その一方で、行政上の即時強制については具体的事情に応じて必要最小限の強制力を行使することが求められている（判例同旨：最判昭和四八年四月二五日、刑集二七巻三号四一八頁「国労久留米駅事件上告審判決」）以上、「マスターキーによる開錠」を最初に選択した判断は妥当である。

そのうえで、これが入手不可能であったため破壊による進入を検討したので、その点についても検討する。

マンション等で施錠中の居室内に要救助者がいる場合の内部進入方法を大別すると、

①　エンジンカッター等の破壊器具でドアを破壊して進入する

②　開口部を破壊して内部進入する

という方法がある。

①については、破壊の着手は容易であるが破壊に時間がかかるおそれがあるのに対し、②についてはベランダ側からの破壊を行うには隣室、若しくは上下階から乗り移る作業があるため着手に時間がかかるが、破壊は容易であるという特徴を有している。大隊長は、建物の状況から②を選択すれば時間的にも短時間で、かつ破壊前に内部状況を確認できる利点を有しているため、これを選択した。

この判断については、②も①と同様に要救助者の救助という活動に向けられた行為であり、経験則からして②の方法が①に比べて著しく時間がかかる、若しくは活動により要救助者の生命及び身体を著しく害するという活動でないため、これを選択した判断は妥当である。

したがって、全体として大隊長が事例の現場で行った判断は妥当で、相手側からの苦情に対しては、毅然とした態度で説明する必要があると思われる。

119！ あさひヶ丘消防署

第５話　消火活動現場における適切な情報収集活動

現場での情報収集活動は、どの程度まで行えばよいのか……
今回の事例は、私にそのようなことを問いかける事例であった
大隊長！火災入電中です
その日、管内の訓練場で指導をしていた私のもとに
この事例の発生を告げる出火報が入電した
あいにく、出場場所から火災現場へは時間がかかったため
○○大隊長到着まで、△△中隊長が指揮を執る
と先着の中隊長が指揮代行することとなった
現場は産業廃棄物回収業者の倉庫からの火災で
私が車を降りると、
た・た・大変なんです
ひどく狼狽した従業員が駆け寄ってきた

とりあえず情報担当に従業員を預け、私は火元建物周囲を確認したところ
倉庫の入り口から黒煙が噴出し、その奥に火炎を確認した
「倉庫内には逃げ遅れはいないこと及び危険物はないこと」は確認したが
倉庫に関する情報は少なく、状況判断は困難を極めた
その一方で、先着の△△中隊長も困難な状況にあった
彼の担当する局面が極めて活動困難な場所であったため
アルミ屑が燃えてるんだ！
という極めて重要な情報をとりこぼしてしまった
そのため、
ボン
燃焼物を確認したのは、一回目の小爆発が倉庫内で発生した後のことであり

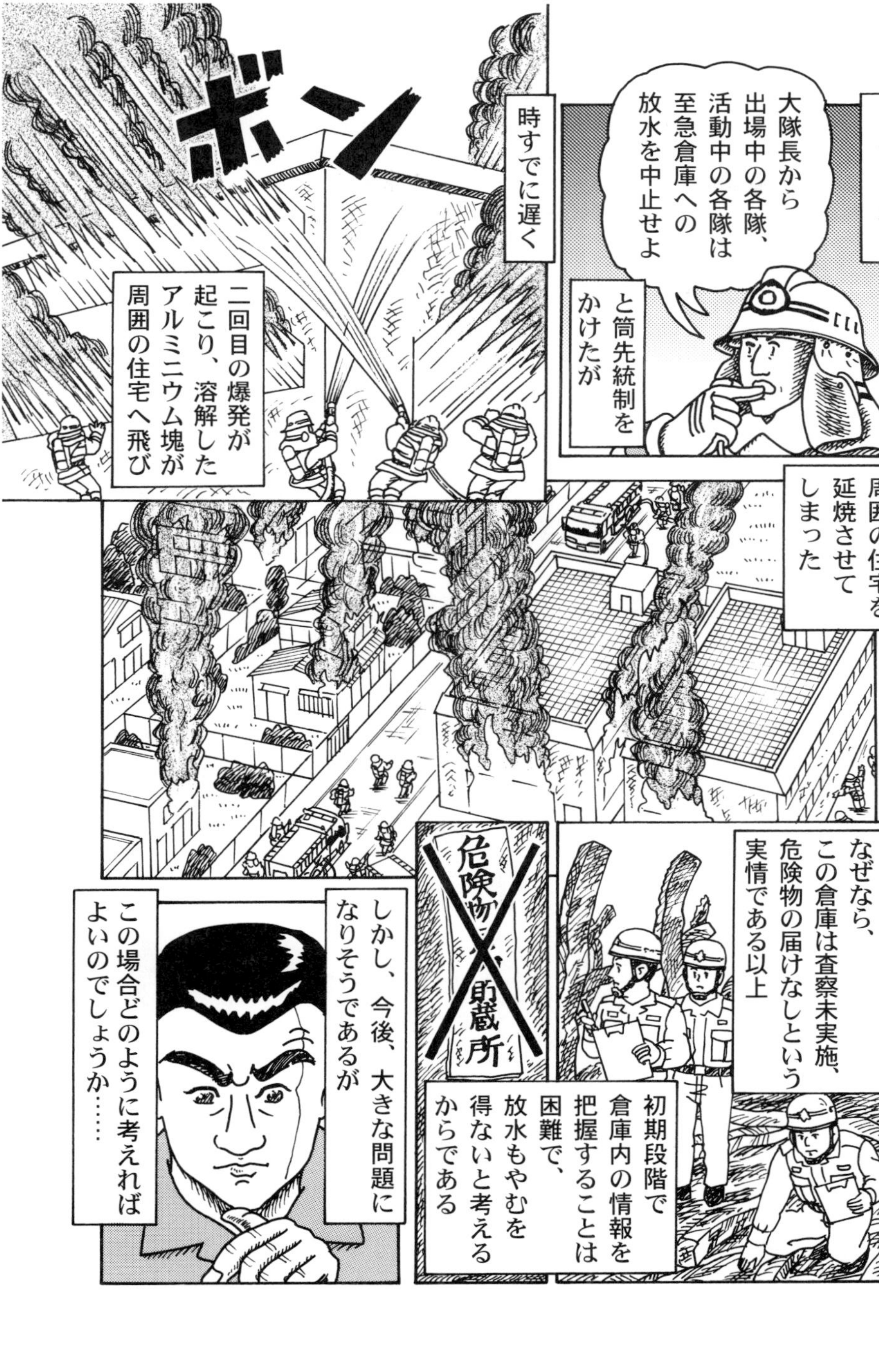
あわてた私は
大隊長から出場中の各隊、活動中の各隊は至急倉庫への放水を中止せよ
と筒先統制をかけたが
時すでに遅く
ボン
二回目の爆発が起こり、溶解したアルミニウム塊が周囲の住宅へ飛び
周囲の住宅を延焼させてしまった
私は大いに悩んだ
なぜなら、この倉庫は査察未実施、危険物の届けなしという実情である以上
危険物貯蔵所
初期段階で倉庫内の情報を把握することは困難で、放水もやむを得ないと考えるからである
しかし、今後、大きな問題になりそうであるが
この場合どのように考えればよいのでしょうか……

第5話　消火活動現場における適切な情報収集活動

車両の安全運行を行う際の確認事項に「巻き込み確認」という項目がある。

これは、車両が主に左折する際に、バックミラーで左折方向の障害を確認するのみでは死角が生じるため、それを補うために運転者自らが左側方を確認し状況を確認するというものである。

さて、これと同様に、消火活動を行う際にも、火災の実態を把握するには常に死角が存在する。災害現場に到着した指揮者が最初に行う項目に、出火建物を中心に一回りし火災の態様を把握する「火点一周」があるが、これにも死角が存在する。指揮本部長として実際に火点を一周してみると、開口部からの火炎及び黒煙の噴出状況により、ある程度の出火箇所及び延焼状況は確認できる場合が多い。

しかし、目視で確認できる状況把握はそのような項目が精一杯で、建物内部の状況（逃げ遅れの有無、消防活動危険の有無など）に関する状況は、外部からの確認のみではそのすべてを把握することは非常に困難な場合が多い。火災現場には消防隊のみで確認できる情報には自ずから限界があることを痛切に感じている。

消防法（以下「法」という）の立法者は、このような限界を認識したうえで、消火活動における情報収集は、特に活動初期段階における情報量の差異が以後の活動全体の成否を決定づけるとの観点に立ち、法第二五条第三項において「消火、人命救助等に必要な事項についての情報提供」を規定した。

同条項の特徴としては、まず「火災現場における情報収集活動を容易にする」という観点に立ち、権限行使者を「消防吏員又は消防団員」と広く規定している。

次に、情報提供を求める相手方としては、出火建物の状況及び火災の拡大状況を消防隊以上によく知る者から情報提供を受け、効率的な収集に努めるという観点から、「当該消防対象物の関係者その他総務省令で定める者」を情報提供を求める相手方として規定している。

さらに、情報の内容としては「消防隊の活動に関連するすべての事項」という観点から、「当該消防対象物の構造、救助を要する者の存否その他消火若しくは延焼の防止又は人命の救助のため必要な事項」と規定している。

すなわち、法第二五条第三項は、消防隊による火災現場での情報収集を容易に行わせるため、その執行要件を緩和し、積極的な情報収集を期待しているものと考えられる。

実務における考え方

火災現場での指揮活動は「平常心をもって冷静に状況判断を行い、決心し、各部隊に下命していく」というのが理想である。

ところが、実際の活動現場では刻々と災害状況が変化する中で、多くの消防部隊が活動し、指揮本部には怒涛のごとく様々な情報が流れ込み、指揮本部長は常に緊張と重圧の中で指揮活動を行っている場合が多い。

そのような状況下、指揮本部長は活動方針を決定するため、特定の隊員を情報担当として任命し早期に必要な情報を収集させ、活動にフィードバックさせるように心がけている。

しかし、実際の火災現場は、混乱する中で関係者等への聞き込みを行うため、十分な収集活動を早期に行うことが困難な場合が多い。

特に、自らの家族が火元建物に取り残されている関係者等への情報収集は、非常に緊張した状況の中で行われるため、情報が不十分・不正確という場合があり、全容を把握するのに時間がかかる場合がある。その一方で、指揮本部長は早期に活動内容を決定することが求められているため、早期に決断するためには、どの程度まで情報収集を行えば十分なのかという「収集と決断のジレンマ」に置かれる場合が多い。

そこで、以下ではこの点についてどのように考えるのかについて検討する。

これについては、様々な考え方があるが、裁判例をみてみると、

① 災害の実態（どこで何が燃えているのか等）・人命危険（どこで誰が逃げ遅れているのか等）

② 活動危険（隊員が活動する際に危険となる要因があるか等）

③ 拡大危険（延焼を拡大させる要素はあるか等）

については、活動内容を決断するうえで事前に把握すべき必要最低限の情報であると考えられる。

ここで現場での盲点となるのは「関係者への聞き込みの落とし穴」という点である。現場では、関係者情報については活動内容を決定するうえでの重要な判断要素となるが、これに頼りすぎる場合には誤った判断を下すこととなる（例として、「無許可で危険物を貯蔵していたために、関係者からは『危険物はない』との情報を得たが実際には存在した」という事例が挙げられる）。

したがって、指揮本部長は、活動内容を決定する際には、自ら及び出場隊の目で確認した項目と関係者から寄せられた情報を合わせて判断する必要がある。

さらに、その前提として、各隊員は収集した情報をすぐに指揮本部長に伝えるように平素から教育しておく必要がある。

この点について、参考裁判例として、山形地裁平成一一年一二月七日判決（判時一七一三号九九頁）

がある。

これは、倉庫内に保管していたアルミ屑から出火し、消防隊が当該倉庫に注水したために水蒸気爆発が発生し、その際に噴出したアルミニウム塊により近隣の住宅へ延焼した事例である。

この裁判例においては、関係者からは「危険物はない」との情報を得ていたため、活動の初期段階では、出場隊は注水活動を行った。

しかし、裁判例は、

① 当該施設が廃品回収業を営んでいることを当該消防本部の職員は知っていたこと

② 出場隊員がアルミニウム屑が山積されているのを現認していたこと

③ 関係者から出場隊員には燃焼物がアルミニウム屑であることを伝えていたこと

から、「現場到着後比較的早い段階で、少なくとも金属火災の可能性を疑って、注水待機又は注水中止の指令がなされてしかるべきであった」し、「関係者にさらに詳しい質問をすれば大量のアルミニウム屑の山から出火していることを容易に知り得たというべき状況」であったのに、結果回避のための十分な状況判断をせずに注水を行った点に過失があったと判示している。

特に、この実例は出場隊員が現認した情報と関係者情報が異なっている事実からして、実務に参考になる裁判例である。

本事例の検討

本事例は、大隊長が収集した情報と災害の実情が異なっていたために、誤った判断を行い、火災が拡大した事例である。

まず、情報担当の行った情報収集要領についてであるが、確かに「危険物の有無及び逃げ遅れの有無」については確認しているが、「燃焼物が何であるか」を確認していない。

特にこの事例は、注水が非常に危険である「アルミニウム屑」からの火災であり、大隊長等による外部からの目視確認のみでは十分な状況把握が期待できない以上、関係者からの情報収集は極めて有効かつ効率的であるにもかかわらず、これを見逃した点には過失があると認められる可能性もある。

次に、中隊長が関係者情報を見逃した点についてであるが、確かに、担当局面の防ぎょが困難な状況にあるのは認められるが、情報収集活動も消火活動の重要な要素である以上、これをも逃した点については、火災実態から判断しても過失が認められる可能性がある。

情報収集活動は、消火及び救助活動に比べて地味で困難な活動とも受け取られるが、本事例のように適切な情報収集の有無がすべての消防活動に影響するという観点からも、改めて平素からその活動のあり方について十分な検討及び訓練を重ねる姿勢が必要であると考えられる。

119！ あさひヶ丘消防署
第6話　火災通報と消防車両の出場遅延
やはり、私の技術が未熟なのだろうか
今回はあらためてそんなことを考えさせられる事案であった
ある消防本部で通信勤務員を務める私に
消防、火事ですか、救急ですか
寄せられてきた通報でこの事案は始まった
その日、自宅で揚げ物をしていたBに
一本の電話がかかってきた
それは、学生時代の親友からの電話であったため
もしもし、え、○○子！どうしたの？久しぶり…
と長電話になってしまった
その陰で、火をつけっぱなしの鍋は、どんどん加熱され
ついには炎が立ち上がり
ボッ！

異変に気づいたBが振り返ったときには
台所から出火していた
慌てたBは
持っていた携帯電話で119番通報したが
携帯電話からの通報のため、発信地は表示されず
Bはかなり興奮していたため
早く来て！早く！燃えちゃう！
落ち着かせようとする私の声にも全く耳を貸さない状況であった
念のため、設置されている高所監視カメラを確認したが
煙等は確認できなかった

その後、幸いにも通りかかった通行人から
この火災についての第二報が寄せられ
ウウウー
受信後、一分後に各隊は出場し
現場には、三分後に到着した
しかし、最終的にはB宅は半焼し、隣棟の一部も焼損してしまった
すると後日になって
消防の受信要領が悪いから私の家も燃えたんだ！
といって延焼した近隣の家から苦情が寄せられているが……
この場合、どのように考えればよいのでしょうか

第6話　火災通報と消防車両の出場遅延

「来るのが遅かったじゃないか！」

火災現場で寄せられる苦情の「第一声」は、大方このような内容から始まることが多い。火災は刻々と変化し、被災者の大切な財産や思い出を灰にしていく。

だからこそ、その場で立ちつくす〝り災者〟にとっては、通報から消防隊が現場に到着するまでの時間（以後「レスポンス・タイム」という）が、とてつもなく長い時間に感じられる。そのため、前記のような苦情を寄せてくるのだと思われる。

さて、ここで基本的な視点に立ち返って、あなたが「消防長」だったら、このような火災による被害を最小限に抑えるためにどのような策を考えるであろうか。

様々なものが考えられるが、一番確実なのは、管内にできるだけ多くの消防署所を設置し、消防車両を配備することでレスポンス・タイムの短縮を図り、被害の軽減を図る方策が妥当と思われる。

しかし、残念ながら欠点として、この施策は「財政の限界」と対立することから、実際の現場では常にその調整を迫られることが多い。

それでは、両者の調整を行ううえで、どの程度のレスポンス・タイムまでなら許容範囲なのか。これが、本事例でも問題となる「消防車両の出場遅延と損害賠償」の問題の答えを導き出す一つの要素となる。

これについては、消防組織法第三七条に基づいて制定された「消防力の整備指針」の解説がその答えとなる。同解説によると、建物の延焼の可能性は「隣棟間隔と最先着ポンプ隊の出動～放水開始までに要する時間及び活動口数」に大きく関係するとされている。

まず、隣棟間隔についてであるが、同間隔が一m未満及び五mを超える火災では、「出動～放水開始」の時間による延焼率の差がない（前者についてはいかに早く放水しようともある程度の延焼は免れないのに対し、後者については放水が著しく遅れた場合を除き延焼率に大きな差はない）。

これに対して、隣棟間隔が一m以上五m未満の火災では、早い放水が延焼率を抑える結果となり、特に放水開始から五・五分～七・四分を超えると延焼率が急速に高くなる。

そのため、延焼率を抑えるためには、この間の値「六・五分」が「出動から放水までの限界の時間」としてとらえることができる。

また、活動口数は、二口以上の方がこの「六・五分」を境に延焼率の変化が顕著であるため、その最小単位の二口を活動口数とする。

そこで、これを受けて「レスポンス・タイム」の算定を行う。消防力の整備指針がその基礎資料とする「消防活動に関する実態調査」によると、消防隊が「火災現場に到着後、放水までに要する時間」は、平均二分とされている。

したがって、前述の中で、六・五分から二分を差し引いた「四・五分」が「走行限界時間」としてレスポンス・タイムに当てられる最大限の時間となる。

つまり、一戸建ての専用住宅において発生した火災を出火建物一棟のみで鎮火させるためのレスポンス・タイムは、最長で四・五分と考えられるのである。

実務における考え方

前記のレスポンス・タイムの算定については、「火災通報受信に要する時間」及び「指令から出場に要する時間」が含まれていない。

確かに、これらの項目についてはレスポンス・タイムを最大限に生かすために、「できるだけ迅速」に行われる必要がある。

その一方で、火災通報受信に関しては、その正確な状況把握が以後の消火活動に大きな影響を与えること、指令から出場までには装備の着装等の出場準備を行うことが予定されていることから、一定の時間がかかることが予定されている。

そこで、これらに要する時間をどのように考えるかが問題となる。

これについては、まず「受信時間」について考える。火災通報の受信は、これにより災害出場区分、出場隊及び出場先の決定といった消防部隊の運用を行ううえでの非常に重要な「第一歩」の役割を担う。

特に「出場先」は部隊運用にとっては必要不可欠な聴取項目であり、これを聴取するために一定の時間がかかったとしても、それはやむを得ないものと考えられる。

次に、出場準備に要する時間について考える。確かに「待機場所から消防車両まで」及び「着装準備」には一定の時間を要する。

その一方で、前記時間算定のとおりの消防署所の配置を行うと「出場から放水」までに六・五分かかり、放水までに七・五分を超えると延焼率が急激に上昇する可能性が極めて高いという状況からすると、「七・五分から六・五分」を引いた一分が出場準備に割くことのできる最長の時間であるとも考えられる。

裁判例も、消防車両が指令から一分後に出場し、現場に一分後に到着した事例について、不適切な点があったものとは認められないと判示した事例がある（静岡地裁昭和五四年四月二四日「現場到着の遅延による国家賠償請求が認められない事例（焼津市消防損害賠償請求事件）」）。

本事例の検討

本事例は「消防車両の出場遅延が、火災通報要領及び出場要領の不適切によるものか」が問題となった事例である。

ここで改めて、通信勤務員であるA主任の受信要領について確認すると、

① 携帯電話からの通報であったため、発信地が表示されなかった
② 通報者Bから火災発生場所（又は通報場所）に関して聴き取ろうとしたが、興奮状態にあり聴取できなかった
③ 念のため他の方法（管内に設置されている監視カメラ）で確認しようとしたが、確認できなかった
④ 本火災の第二報が寄せられ、これに基づき出場指令を行った

という点が認められる。

また、現場へは指令一分後に出場し、指令四分後に到着したという状況である。

まず、A主任の受信要領についての法的評価を行う。A主任の行動に過失が認められるには、過失の成立要件としての「結果予見義務違反」及び「結果回避義務違反」が認められる必要がある。

これについて特に、

① 通報者の鎮静化を図る

② 代替手段での確認に努めるという通信勤務員として聴取のために可能なことをすべて行ったのに確認できなかった

という事実が認められる以上、結果回避義務違反が認められる可能性は極めて低いと考えられる。

次に、消防車両の出場状況についての法的評価を行う。前記のとおりレスポンス・タイムの許容範囲が、おおむね四・五分であるため、事例の車両はこの時間内に現場到着しており、適切な活動であると評価できる。

確かに、本火災によって「大切なもの」を失った〝り災者〟の立場からすれば、出場指令に時間がかかったことについて、「対応が下手だったからこうなったんだ」とその怒りの矛先を通信勤務員に向けたくなる思いもあるかもしれないが、A主任はできることはすべて行ったのだから、その点について相手方に十分に説明する必要がある。

なお、これまで述べたとおり「火災通報」は消火活動の大切な第一歩であることから、その聴取要領については平素から「迅速かつ確実な聴取方法」を検討するとともに、事例のような代替手段での確認方法も検討しておく必要があると思われる。

また、火災通報に関する時間経過は、「消防車両の出場遅延」に関して必ず争点として挙がる項目であるので、平素からその時間経過及び内容を記録しておく方法を講ずる必要があると考える。

119！ あさひヶ丘消防署

第7話　鎮火後の火災現場管理

鎮火後の現場管理はどこまで行えばよいのか
今回は、そんなことを考えさせられる事案であった
ある日の夕刻に住宅火災が発生し
ウウウ
この現場に大隊長として私は出場した
周囲の聞き込みから
この建物は現在空家で、逃げ遅れはいません
との情報を得たため
火災の一挙鎮滅を主眼に火災防ぎょを行った
さらに、再出火防止のため
当本部の基準に従って、入念に残火処理を行い

最終的には
半焼で
この火災は
鎮火した
また引き上げ時には、
火元建物の所有者に
説示書を交付し
翌日に行われる
火災調査のために
消防警戒区域を
設定し
私としては、
再出火防止には
万全を尽くした
つもりであった
なのに
〝この火災〟
は発生した
最初の火災の
鎮火五時間後、
建物の残存部分
から火災が
発生した

当初は再燃火災の可能性も疑われたが
その後の捜査で最初の火災と同一犯による放火と判明した
ところが事案はこれで終わらなかった
犯人に十分な補償を求めることができないと分かった建物所有者が
消防が十分な警戒をしなかったから再出火したんだ
といって猛烈に抗議してきた
今後、何らかの対応が予想されるが
この場合どのように考えればよいのでしょうか

第7話　鎮火後の火災現場管理

「一度消えた火がまた燃え出すこと」

ある辞書で定義される「再燃」に関する記述である。

「再燃火災は、消防のプロとして恥ずべき、あるまじき現象である」

さて、一般には消火活動と再燃現象を論じるについては、鎮火後の再出火現象をすべて「再燃」ととらえて一まとめで論じられる場合がある。

しかし、再燃現象は分類すると、
①「自然に消えた、あるいは消したはずのものが再び燃え出すこと」
②「完全に消えたものが、あるいは消えたもののある場所から、新たな原因で再び燃え出すこと」
の二つに分類できると考えられ、両者は分けて考える必要がある。
①については、「消したはずのものが消えていなかった」という観点から、消火活動における「落ち度」に起因して消防が損害賠償責任を負う可能性があることが容易に想像できる。
また、この現象を「再燃」と位置づけ、残火処理基準を規定して、再発防止に取り組んでいる消防本部が多い。

これに対して、②については「そもそも消防が責任を負うべき事象なのか」疑問な点もある。

そこで、今回は「消火活動と再出火現象」という観点から、「鎮火後、消防はどの程度まで現場管理を行えばよいのか」について検討する。

火災現場における現場管理

「火災現場では消火活動は罵声や悲鳴など騒然とした中で行われる」という表現に示されるように、実際の火災現場では整然と消防活動が行われるということは極めて少ない。

特に、繁華街の火災では、消火活動指揮とともに火災現場管理にも十分配意することが指揮本部長に求められている。

そこで、消防法（以下「法」という）の立法者は、このような火災現場の実情に着目し、円滑な消防活動を行うには「一定の区域を消防の用に供する専用の区域にする必要がある」という観点から第二八条（消防警戒区域の設定等）を規定した。

同条は、消防活動及び火災調査の円滑な遂行のため、一定の時間及び区域を定めて、関係のある者以外の者の立入の禁止若しくは制限をし、又はそれらの者を当該区域から退去させるため、消防吏員及び消防団員に消防警戒区域を設定する権限を与えている。

したがって、消防機関は、出火建物街区の状況から鎮火後何者かが火災現場に入って現場が荒らされる等の行為が予想され、火災調査に支障がある場合には、鎮火後の現場管理として、火災調査が終了するまで現場に消防警戒区域を設定して現場を保存することができる。

実務における考え方

火災現場において残火処理活動終了後、鎮火の確認をした指揮本部長は、出火建物関係者等に説示書を交付し、活動概要を説明することで、再出火防止対策を万全なものにしている。

その際、「鎮火後の現場管理は、消防で行ってもらえませんか」と頼まれる場合がある。特に、他に管理を頼む当てもない場合に、消防に依頼する場合が多いように思われる。

さて、前記のとおり、法第二八条の規定内容は、あくまでも権限行使者である消防吏員及び消防団員に消防警戒区域を設定する権限を付与するもので、義務化しているものではない。

その一方で、関係者から「住民の財産を守るのが消防の使命ではないのですか」と法第一条を基に鎮火後の現場管理を要望されると、「そうかもしれない」と納得してしまう場合もある。

そのため、鎮火後の火災現場から引き揚げる際、指揮本部長は、「現場管理は本当にこれでよいのだろうか」と〝後ろ髪〟を引かれながら現場を後にする場合もある。

そこで、以下では鎮火後の現場管理義務について検討する。

これについては、諸説があるものの、法律論として消防機関に義務が課されるには、

① 原則として当該義務の内容が法令に具体的に規定されていること（法令上の根拠）

② 例外的に法令上の根拠はないが国民の生命、身体、財産に対する差し迫った重大な危険が発生していること（条理上の根拠）

が条件と考えられる。

（裁判例同旨：高松高判昭和六三年一月二二日、判時一二六五号三一頁「救助作業中の消防団員等が死亡した災害現場において、指揮者等の義務の懈怠に基づく国家賠償請求が認められなかった事例（繁藤災害国家賠償請求事件控訴審判決）」）

これを鎮火後の消防機関による現場管理についてみると、まず法令上の根拠の有無であるが、消防法には具体的には規定されていない以上、存在しないと考えられる（なお、第一条は法の理念を述べた抽象的規定であるため、具体的な根拠とはならない）。

次に、条理上の根拠の有無であるが、ここで論点となる「差し迫った重大な危険」とは「放置すれば即座に火災が発生する」と読み替えることができるため、火災現場の治安が著しく悪化しており、何者かに放火される可能性が極めて高いというような非常に特殊な場合には認められることもあり得るが、一般的には認められる可能性は極めて低いと考えられる。

したがって、原則として消防機関が鎮火後の現場管理を義務とする根拠は存在しないため、鎮火確認後は関係者に現場管理を任せて現場を引き揚げても法律的な問題は生じないと考えられる。

本事例の検討

本事例は一次火災鎮火後、放火により発生した二次火災について、放火された出火対象物の関係者から「鎮火後の現場管理について消防に過失がある」として今後、法的対応が懸念されるという事案である（検討にあたっては、二次火災は放火によって発生したものであり、一次火災の残火によるものではないという前提で検討する）。

本事例は、現場管理義務が課せられるか否かにより対応内容が異なるため、以下ではこの点について検討する。

前記のとおり、消防法には直接同義務を課する規定は存在しないため、法令上義務が課されることはない。

そのうえで条理上義務が課されるかについてであるが、前記裁判例も条理上の義務は「急迫かつ重大な危険の存在」をその前提としている以上、一次火災鎮火時に「再度放火される可能性が極めて高く、その危険性が迫っている」という状況を指揮本部長が認識し得たという特別の事情が認められない限り条理上の義務が課される可能性は極めて低く、本事例についても同義務は課されないと考えられる。

したがって、「現場管理を行う」という作為義務が課されない以上、同行為を行わなかったことによる損害賠償責任（講学上「不作為に因る損害賠償責任」という）を負うことはないと考えられる。

なお、本事例のような場合には、

① 現場に設定した消防警戒区域は、火災調査のための現場保存のために設定するものであり、同現場での犯罪の発生を防止するための趣旨ではないこと

② 鎮火後の現場管理は、原則として火元建物の関係者が行うべき行為であることを説明し、理解を得る必要があると考えられる。

119！ あさひヶ丘消防署

第8話　消火活動と再燃現象

いずれはこのような事案に遭遇すると思ってはいたが…
今回の事例は、消火活動と再燃現象に正面から取り組まなければならない事例であった
ウウウ
「自宅の布団から出火した」という通報を受けて
私はある火災現場に出場した
現場はマンションの一室で、早速、通報のあった部屋に行くと
もう、火は消えましたから…
…といって通報者は室内に我々を入れることを拒んだ
しかし、状況を確認するため私は室内に入り
布団の一部が焦げているのを確認した

さらに原因が「寝タバコ」であることを確認したところで
大隊長、二次火災入電中です
新たな火災発生が告げられた
私は判断に迷ったが、周囲への延焼危険が認められなかったため
中隊長にこの場を任せ、二次火災に出場した
ところが、この男性は中隊長に対しても
本当にもう結構です！帰ってください！
…といって非協力的な態度を示した
そのため「もめごと」をおそれた中隊長は
十分に現場を確認しないまま引き揚げてしまった
カンカンカン
そして悲劇は発生した

中隊長が
引き揚げた
三時間後
同室から再出火し、
居室内を焼損する
火災が発生し
火災調査の結果、
布団からの再出火で
あることが判明した
そして、
翌日になって
建物所有者及び
顧問弁護士が
来署し
これは
消火活動の
ミスですから、
消防署に責任を
とってもらい
ますからね
といって
何らかの
法的措置を
検討している
ようであるが
この場合、
どのように考えれば
よいのでしょうか

第8話　消火活動と再燃現象

「隣の家の不注意で出火して我が家が焼けてしまっても、出火元に損害賠償を請求できない場合があると聞いたのですが本当でしょうか」

あるホームページに載っていた質問である。通常の損害賠償事案ならば「加害者に賠償請求できる」という回答になるのが、なぜか火災の場合には「請求することができない場合がある」という回答となる。

そこで、以下ではなぜ火災の場合にはそのような取扱いとなるのかを検討したうえで、本事例のように消火活動の不適切で再出火させてしまった場合、どのように考えるのかについて検討する。

失火責任に関する基本的な考え方

「他人の行為や施設・設備に起因して損害が発生した場合（以下「不法行為」という）には、その原因を作り出した者に損害を賠償させなければならない」

社会通念として当然に受け入れられている考え方であるが、実はこの法的根拠は民法第五章「不法行為」に求めることができる。

同章は不法行為に関して一六の規定（第七〇九条から第七二四条）を整備しているが、特に土地の工作物の所有者の責任（第七一七条）といった特殊な不法行為を除いて、一般的不法行為について加害者にその賠償責任を負わせるためには、加害者の内心（講学上「主観」という）において、当該行為が「意図的に（故意）」又は「不注意に（過失）」より行われたという点が認められなければならない（講学上「過失責任の原則」という。民法第七〇九条）。

さて、日常生活において発生する一般的な不法行為については、基本的にこの考え方で解決を図ることができるが、火災に起因する損害賠償事案については大きな例外がある。実は、民法第七〇九条の特則として「失火ノ責任ニ関スル法律（以下「失火責任法」という）」という法律があるが、これによると失火の場合には、「失火者に故意又は重過失が認められる場合」に限り民法第七〇九条の適用を受けると規定されている。

これは反対解釈として、失火者の主観について「過失」しか認められない場合には、失火者は失火による損害賠償責任を負わないということになる。「自ら撒いた種は、自ら刈る」という損害賠償の基本的な考え方からすると、失火責任法のこのような取扱いは、納得がいかないという反対意見もある。

しかし、同法は、

① 被害が甚大になるのは〃木造家屋が密集しているから〃という、わが国の都市構造及び建物構造という社会事情にもよること

② 失火者は自らの家を消失しているうえに、類焼した家屋の損害賠償まで負わせるのはあまりにも酷であること

から、古来わが国には失火者の損害賠償責任を制限する「失火責任免責」という慣習が存在していたことを考慮に入れ規定されたものである。

したがって、冒頭の質問についても、出火した家の居住者に、失火について「過失」しか認められない場合には、類焼した家の損害を失火者に請求することはできない。

公務による失火と失火責任に関する考え方

失火責任に関する基本的な考え方は前記のとおりであるが、「消防機関の不十分な消火活動により再燃現象として火災が発生した場合」には、適用される法律が多少異なってくる。公務員が公務遂行中に第三者に損害を与えた場合、まず国家賠償法（以下「国賠法」という）が適用される。そのうえで、同法を補足するかたちで民法及び民法以外の他の法律が適用される（国賠法第四条及び第五条）。

さて、ここで問題となるのは、「不十分な消火活動による再燃」というような「公務による失火」についても失火責任法が適用となるのかという点である。

これについては、説が大きく分かれており、「失火責任法は、私人の失火責任を軽減するという政策的な制度である」という趣旨から、財政的な面でそのような点を考慮に入れる必要のない「国又は公共団体」には適用されないと主張する説もある。

しかし、

① 失火責任法は、失火責任について民法第七〇九条の特則を規定したものであり、国賠法第四条の民法に含まれること

② 国及び公共団体の財政収入は結局のところ国民の負担に帰するものであり、失火者の主体が私人でも国及び公共団体でも考え方は変わりないため、公権力の行使にあたる公務員の失火による国又は公共団体の損害賠償責任についてのみ失火責任法を排除すべき合理的理由も存在しないこと

から、失火責任法が適用されると考えられる。

（判例同旨：最判昭和五三年七月一七日、民集三二巻五号一〇〇〇頁「公権力の行使に当る公務員の

失火による国または公共団体の損害賠償責任に対し、失火ノ責任ニ関スル法律の適用の有無が判示された事例（名古屋市再燃火災損害賠償請求事件）」）

したがって、再燃火災についても、消火活動を行った消防職員に「故意又は重過失」が認められる場合のみ、当該地方公共団体が責任を負うと考えられる。

実務における考え方

指揮本部長にとって火災現場で緊張を強いられる場面の一つに、「鎮火の判定」がある。「鎮火の判定」は、消防機関がプロの目から見て「火災は完全に鎮圧状態にあり、これ以上の再出火はあり得ない」旨を認める行為であり、消火のプロとしての威信がかかっているといっても過言ではない。

その一方で、再出火に関する様々な事例を見聞するたびに、火災のすべてを予見することは非常に困難であると痛感することが多い。

そのため、焼損した家屋等を前に鎮火の判定を行う場合、やるべきことはすべてやったのに「本当にこれで再出火しないのだろうか」という不安に駆られることもある。

また時には、「一体、どこまで気をつければ十分なのか」と自問自答することもある。

そこで、以下では「どこまで気をつければ、再燃による火災の責任を免れることができるのか（再燃現象と消防の責任）」について検討する。

前記のとおり判例も再燃火災について失火責任法の適用があると判示しているため、消火活動に従事した消防職員に再燃について「過失」しか認められない場合には、免責される。

逆にどのような場合に、「重過失」が認められるかについてであるが、まず判例は失火責任法における重過失の定義について「通常人に要求される程度の相当な注意をしないでも、わずかの注意さえすれば、たやすく違法有害な結果を予見することができた場合であるのに、漫然これを見過ごしたような、ほとんど故意に近い著しい注意欠如の状態を指す」と判示している（最判昭和三二年七月九日、民集一一巻七号一二〇三頁）。

そのうえで、消防職員の消火活動における注意義務については、裁判例は「火災の予防・鎮火などを職務としこれに関する知識と技能を習得している者に求められる高度の注意義務を基準として、注意の著しい欠如があるのか否かが論定されなければならない」と判示している（名古屋高裁昭和五五年七月一七日、判時九八七号五七頁「名古屋市再燃火災損害賠償請求事件差戻控訴審判決」）。

つまり、消防職員は消火活動に関してはその職性から高度なものである以上、「消防職員として再燃防止のために必要な措置を行わなかった場合」には、一般人であれば「過失」という評価を受けるものが、「重過失」として評価される可能性があると考えられる。

本事例の検討

本事例のように焼損物件が「布団」である場合には、十分な消火を行わないとその構造から無炎延焼を継続し鎮火状態に至らない場合が多い。

そのため、このような場合には各消防本部で策定される残火処理基準でも、屋外の安全な場所に搬出したうえで十分に消火する旨が規定されていることが多い。

つまり、布団のような「消火確認が困難なもの」は、一般人では鎮火を確認することが困難なものであることから、その判定は消防活動の範囲に入るのである。

そこで、事例を検討すると、中隊長について、通報者とのトラブルをおそれるあまり、

①　焼損した布団の状況を確認するのが可能な状況なのに怠った

②　確認の状況から、鎮火のための十分な消火が必要であり、それを行うのが可能であったのに怠った

という事実が認められる場合には、消防活動としては「不適切な活動」として、「重過失」があると評価される可能性が高い。

これに対して、相手の拒否が激しいために焼損した布団の状況を確認すること、及び鎮火のための消火を行うのが不可能で、更に、相手に十分な消火及び警戒を説得することが不可能な場合には、「消防はやるべきことはやった」として、消防活動の限界事例として過失が認められない可能性が十分あるとも考えられる。

119！ あさひヶ丘消防署

第9話 消防活動中の緊急措置権と損失補償

問題は、〝マル火〟のみでは発生しない
今回は、そんなことを改めて私に教訓づけた事例であった
その日、うちの管内で、延焼火災が発生し
ウ～
ウ～
久しぶりに私が指揮を執ることとなった
現場は、住宅密集地からの火災で
消火活動が困難になると予想されるはずなのに
私には、なぜか活動の光景からすべてがうまくいっているように思えた
しかし、私の見えないところである問題が発生していた

現場に三着で到着したポンプ車が、水利の状況から〝ある家の駐車場前〟に部署し、活動していたのだが
そこへ一人の男が、歩み寄ってきて
機関員に近づくなり
車をどけろ！
といって機関員に凄んできた
この人は、ある会社の社長で、今日は重要な商談があり
自分が遅れれば、商談に影響すると機関員に言った
しかし、活動状況から、車両を移動できないと判断した機関員は
凄む〝この社長〟に対して
今はダメです。もう少し待ってください
と理解を求めた

しかし、依然としてこの社長が機関員に詰め寄ることから
機関員は、私に無線で判断を仰ぎ
〝事の次第〟を知らされた私は、署隊本部とも連絡をとり
署長名で『火災が鎮圧するまで車の使用を禁止する』旨をこの社長に伝えるよう命じた
すると、これを機関員から伝えられた社長は
商談がダメになったら責任をとってもらうからな
という捨てゼリフとともに現場を去り、事態は収まったように思えた
しかし、この問題は密かに延焼拡大していた
この社長が後日署にやって来て
対応した署長と私に対して
三億だぞ！三億払え！
と言って、商談が破談となったことについての損害賠償を求めてきた
この社長は『徹底的に争ってやる』と言っているが
この場合、どのように考えればよいのでしょうか？

第9話　消防活動中の緊急措置権と損失補償

アメリカンフットボールの試合場には、高所から相手及び自チームのフォーメーションや戦術等を俯瞰することで試合状況を分析する、「スポッター」というコーチがいる。

さて、消防活動現場をこの「スポッター」のように一段高い場所から俯瞰すると、平面で指揮するよりも実に多くのことが見えると思う。

そこで、今回は火災現場を高所から大局的に俯瞰した場合、平面で指揮する際に感じられる以上に、発災場所以外でも損害賠償事案が発生する可能性がある点に留意していただくために、事例について検討する。

消防活動中の緊急措置権

消防を含めた行政機関が行政目的を達成するために行う実力行使は、人権尊重の立場からまず「法律又は下命等の行政行為により義務を課し、それでも実現されない場合に有形力を行使する」という形を原則とする（講学上「（行政上の）強制執行」という）。

しかし、犯罪予防のように緊急を要する場合には、この形では行政目的を達成できない場合もある。そこで、目前急迫の危険を取り除く必要があり、かつ義務を命じる暇がない場合には、例外的に行政機関は相手方の義務の不履行を前提とすることなく、法律で定めた目的、要件及び限界の範囲において、直接に有形力を行使することが認められている（講学上「（行政上の）即時強制」という）。

さて、消防法（以下「法」という）の立法者も、消防による有形力の行使については、原則として「強制執行」の形での条文整備を行っている。

その一方で、火災現場において法第一条の目的を達成するためには、その特殊な状況から即時強制での有形力の行使でなければ目的を達成できないとして、第六章「消火の活動」の中で条文の整備を行い、特に法第二九条で火災現場での消火のための破壊活動等の緊急措置（以下「緊急措置権」という）を規定している。

同条の詳細な解説は省略するが、本事例との関連で行使できる対象についてみると、
① 火災が発生せんとし、又は発生した消防対象物等
② 延焼のおそれがある消防対象物等
③ ①、②以外の消防対象物等
の三種類を対象としている（ただし、それぞれの対象物への行使の要件が異なっていることには注意を要する）。

つまり、①から③までを合わせると、火災現場では法第二九条の行使の要件を満たせばその周囲の関連のある消防対象物等すべてに権限行使できる可能性がある。

なお、①及び②の事例については、実務では出火対象物及びその周囲の延焼の可能性のある消防対象物への消火・人命検索及び救助活動等のための破壊行為が最も多いものと思われる。

これに対して、③については事例としては想像しにくいかもしれない。

これについては、判例で、延焼拡大阻止線を設定するために家屋の破壊を行い空地を作成した、「岐阜県白川村破壊消防損害賠償請求事件（最判昭和四七年五月三〇日、民集二六巻四号八五一頁）」があ

る。

実務における考え方

火災現場での緊急措置権に関する広聴事案（「なぜ、壊したのか」といった苦情等）をみると、前記①及び②よりも③の関係者から寄せられることが多い。

これは、①及び②が、

(ア)火災により周囲の安全を脅かす状態（講学上「警察違反の状態」という）にあるため、緊急措置権を行使されてもやむを得ない

(イ)消火活動を開始する際には火災によりすでに経済的価値が失われているに近い（いわゆる消防が壊さなくても火災が壊している状態にある）

のに対し、③は延焼のおそれがない（火災による直接の損害を受けない）という違いが、両者の広聴の差と考えられる。

消防法の立法者もこの点を考慮に入れ、①及び②の消防対象物への権限行使については「損失補償の要なし」として補償規定を定めていないのに対し（法第二九条第一項及び第二項）、③については「市町村がその損失を時価で補償する」と規定している（同条第三項及び第四項）。

さて、実務を担当してみると、補償を求める項目の中には「本当に補償が必要なのか」と首を傾げたくなる請求事案を担当することがある。

そこで以下では、「法第二九条による損失補償の対象は、どの範囲までを予定しているのか」について検討する。

これについては、諸説があるものの、憲法第二九条で規定される損失補償制度の趣旨である「特別

の犠牲を公平負担の見地から調整する」という点を考慮すると、まず当該措置による「財産権の侵害及び制限」が社会共同生活を営むうえで、誰もが当然に甘受すべきと考えられる程度のもの（「受忍限度内にある」と表現される）である場合には、誰もが平等に負う普通の犠牲であって、これに基づく経済的損失は補償の対象にはならないと考えられる。

これに対して、当該侵害等が特定の者にのみ通常のレベルを超えるような犠牲を要求する程度のものであれば、一部の者のみに負わせる「特別の犠牲」として、補償の対象となると考えられる。

そのうえで、犠牲について「特別」と「普通」を分ける基準であるが、特に消防活動のように公共の安全や秩序を維持するため（講学上「消極目的」という）の規制については、社会生活の根幹の維持を目的とした規制のため、これに対する受忍限度も他の目的による規制よりも高い程度が求められ、「普通の犠牲」の範疇に入る項目が多いと考える。

したがって、法第二九条の緊急措置権に基づく損失について補償対象と認めるには、当該損失が「特定の者」のみに課され、かつ損失の度合いが「消防活動の遂行という目的」に比較しても受忍すべきレベルを超えているという場合にはじめて認められると考えられる。

本事例の検討

以下は事例の検討であるが、その前提を、

① ポンプ車は三着で現場に到着し、重要な局面の活動を担当している

② 事例の広聴事案が発生したときには、ポンプ車はすでに水利部署及び筒先への送水を開始している

③ すぐ近くに代替水利はなく、部署替えをするのは現場の状況から不可能である

としたうえで検討する。

さて、本事例の主な争点としては、①「社長が会社へ自分の車で出勤できなかったことについての損失」及び②「出勤に遅延したことによる損失（商談の破談として三億円）」について応じる必要があるのかの二点が挙げられる。

まず、①については、確かにポンプ車の部署位置から筒先までの状況を考慮すると、ポンプ車から火点までの区域は延長されたホースの上を通過すれば車両は走行できるのに対し、社長の車だけはそのようなことができなかったとして「特定の者」のみが損失を被ったとも考えられる。

しかし、実際の消防活動現場では、ポンプ車から火点までは隊員や資器材が往来し、道路上にホースのみが延長されている光景であっても、実際にはそこを車両が通行するのは、火災防ぎょに最も忙しい局面においては不可能であり、ポンプ車から火点までの区域は条件が同じであって、とくにこの社長のみに特別の犠牲を課したわけではない。

したがって、「他の交通機関でも会社へ出勤できるが、その費用が負担者の生活状況から著しい経済的負担を強いる」といった特別の事情がない限り補償の必要はないと考えられる（なお、仮に認められたとしても、その額の算定は公共交通機関を基本にして計算される額である）。

次に、②についてであるが、確かに「あれなければ、これなし」という条件関係のみに着目すれば、自家用車の運行障害と商談の破談には条件関係が認められるようにも思われる。

しかし、そもそも社会一般的に「商談は実際に行ってみないとその結果が分からない」と考えられ、社長が出席すれば必ず成立するという特殊な事情が認められない以上、当該損失はポンプ車による運行障害に起因するものではなく、損失に該当するものではないと考える。

なお、消火活動に起因する法務事案は、ホース撤収でその大半の証拠が失われるといわれることがある。事例のような場合には、早い段階で出場から現場活動終了までの一連の消防活動の記録をまとめるのが、事後の円滑な対応に向けての第一歩である。

119！ あさひヶ丘消防署
第10話 消防自動車の緊急走行と注意義務の程度
やはり強く指導できなかった私が悪かったのか……
今回の事例はあらためてそんなことを考えさせられる事案であった
私の部下Bは、機関員歴が20年を超えるベテランで
普段から私の安全運転についての指導にも
分かってますよ
といって耳を貸さない状況であった
そして、いつもそんな姿を見るたびに
何も起こらなければと祈っていた
そんなある日、当署の管内で住宅火災が発生という指令を受けて
私はある火災現場に出場した
ウ～ウ～
現場は住宅街の一角で

近くには
小学校と
公園があり
発災時間が小学校の下校
時間と重なったために
多くの子供たちが事の
成り行きを見ていた
ウ〜ウ〜
そして、出場途上の
私たちにも、同じような
光景が目に入ってきた
緊急走行中ではあっ
たが、私は機関員に
注意を促すために
前方に子供
注意！
そんなの分かっ
てますよ！
サイレン鳴ら
してるんだから
みんな分かって
ますよ！
といって注意を
無視するかの
ようであった

そしてこの事故は発生した
ウ〜 ウ〜
ポンプ車が公園にさしかかった際
公園の前で通過する消防自動車を眺めていた子供たちの中から
わ〜い、消防車だ！
と言いながら4歳の男の子が路上に飛び出し
その姿は我々にも確認できた
Bはすぐにハンドルをきり
幸いにも徐行していたため
男の子は軽傷ですんだ
しかし、これに対してBは『飛び出してくるやつが悪いんだ！』と主張しているが
今後の対応も踏まえて、この場合どのように考えればよいのでしょうか

第10話　消防自動車の緊急走行と注意義務の程度

「災害現場までの安全な走行」

消防車両の緊急走行時においても十分に留意すべき項目として挙げられている。

その一方で、実際に現場で「ハンドルを握る」立場からすると、現場への迅速な到着と安全な走行を調和させるうえで、「いったいどこまで注意すればよいのか」と疑問に思う事例に遭遇することがある。

そこで、今回は事例を踏まえて「消防自動車の緊急走行と注意義務の程度」について検討する。

消防自動車の緊急通行権

「消防自動車をできるだけ早く火災現場に到着させ、火災による被害を最小限に抑える」

この目的のために消防法（以下「法」という）の立法者は、第二六条において「消防自動車の優先通行等」を規定している。

本条を受けて、「消防車が火災の現場に赴く状況」に遭遇した、緊急自動車を除く車両（以下「一般車両」という）には道路交通法（以下「道交法」という）第四〇条、第四一条の二第一項及び第二項並びに第七五条の六第二項に規定する内容で避譲措置が義務付けられている（法第二六条第二項）。

また、車馬及び歩行者は、具体的な内容は規定されていないものの「道路を譲らなければならない」

とされている（法第二六条第一項）。

さて、消防車両も含まれる緊急自動車については、これ以外にも道交法上様々な特例が与えられているが、それをもって、「消防車両の緊急走行については、すべてに優先するため、緊急走行中は、どのような状況であっても停止する必要はない」とする考え方は妥当とは思われない。

確かに、道交法上は、「緊急自動車は、法令の規定により停止しなければならない場合においても、停止することを要しない」と規定して、事例のような監護者が付き添わない児童若しくは幼児が歩行しているときは、徐行義務は課しているが一時停止義務は免除している（道交法第三九条第二項）。

しかし、裁判例は、緊急自動車の運転者に課される注意義務は一般車両に劣ることはないとしたうえで、注意義務を尽くした結果他の車両と衝突が予見される場合には、衝突回避義務に基づく一時停止義務を課す傾向にある。

したがって、消防車が緊急通行する際には、優先通行権が認められる場合であっても、周囲の状況から衝突等の危険が予見される場合には、その結果発生を回避するため、状況によっては停止も義務付けられる。

実務における考え方

前記の「緊急自動車は緊急走行中も〝予見できる危険〟は避けなければならない」という記述は、もっともな表現ではあるが、実際に現場で車両運行を担当する立場からは、「それではどの程度注意すればよいのか」という点で疑問に思うことが多い。

なぜなら、「危険発生回避」という点を重要視するのであれば、それは車両運行に際しての防衛運転の徹底を意味し、結果的には「現場への早期の到着」という緊急走行の趣旨を無意味なものにする。

逆に、「現場への早期の到着」という点を重要視するのであれば、走行中は周囲への必要最小限の注意を行えばよく、これでは緊急走行において発生する危険のすべてを回避することはできなくなる。

そこで、この点についてどのように考えるのかが問題となる。

これについては、「信頼の原則」という考え方がある。

これは、社会が発展するための社会利益のためには、自動車の運行等の危険業務の遂行も避けることのできないものとしてとらえ、危険業務に従事する者が負う注意義務の範囲を合理的に制限するという考えを背景に、交通事故の場合には、

「あらゆる交通関与者は、他の交通関与者が交通秩序に従った適切な行動に出ることを信頼するのが相当な場合には、たとえ他の交通関与者の不適切な行動によって結果が発生したとしても、それに対して責任を負わないとする原則」

と定義される考え方である。

当初は刑事事件の過失責任を限定する理論であったが、判例もこの考え方を採用し、民事事件においてもこの原則が定着していると考えられている。

(最判昭和四三年九月二四日、判時第五三九号四〇頁「交差点において追抜き態勢にある自動車運転手の並進車に対する注意義務の範囲について判示した事例」)

さて、この原則をもとに車両運行時の注意義務の程度を定義すると、

「車両運行時には、通常他車及び人は交通秩序に従った行動を取ることが期待でき、それらの車及び人が行う突発的な交通秩序違反までを予期して車両の運行を行う必要はない」

と定義できる。

その一方で、この原則はあくまでも「信頼するのが相当な場合」をその前提としているため、「信頼

の原則」が認められるためには、その状況に、
①　相手方が交通秩序に従った行動を取ることへの信頼が存在すること（信頼の存在）
②　①の信頼が争点となる事案の具体的交通事情からみて相当であること（信頼の相当）
③　加害者に、事故の原因となった交通法規違反が存在しないこと（法規違反の不存在）
の三つの要素が必要とされている（南敏文・大嶋芳樹・田島純藏「民事弁護と裁判実務⑤損害賠償Ⅰ（自動車事故・労働災害）」）。

特に事例との関連では、②について交通秩序を十分に認識し得ない「幼児、老人、心身障害者、泥酔者」が相手方の場合には、交通秩序に従った適切な行動が期待し得ないことから、これらの者が関連する交通事故の過失認定に際しては、信頼の原則が適用される可能性はきわめて低いと考えられる。

本事例の検討

本事例は、周囲の状況から児童及び幼児が走行途上に現れる可能性が高い道路を走行中に発生した交通事故に関して、消防側にどのような民事上の賠償責任が課せられるのかが問題となった事例である。

まず、事例の前提として、ポンプ車には、
①　緊急自動車の要件（道交法第三九条）の要件を満たしたうえで緊急走行していたこと
②　事故が発生した公園前付近では「徐行（すぐに止まることのできる速度）」で走行していたという事実
が認められるとする。

次に内容の検討であるが、まず緊急走行を行っていたことから道交法を形式的に適用すると、当該

公園で児童及び幼児を確認し、そこが仮に一時停止義務の課される場所であっても、道交法第三九条により事例の消防車両には一時停止義務は課せられない。

そのうえで、「児童及び幼児を見つけた際には路上への飛び出しは認められなかったが、路上への飛び出しを見越して何らかの措置を取るべきであったか」という点についての検討であるが、前記のとおり交通秩序を十分理解し得ない幼児にとっては、「緊急車両への避譲」という内容を期待するのは不可能であり、それらの者を監護する親がその場にいなければいつその進路を妨害するかもしれないことは容易に想像し得る事情にあることは明らかであり、そこには信頼の原則は適用されず、その進路妨害を常に予測して少なくともいつでも急停車し得るだけの対応が必要である。

（裁判例同旨：札幌高判昭和三二年一〇月一五日、判時一三二号二七頁「群衆の群がる街角付近を通行する消防タンク車の運転者の注意義務について判示した事例」）

したがって、ポンプ車が公園を通過する以前から、当該場所で消防車の接近を見て路上で浮かれる幼児がいたことを機関員Bが認めていた状況からして、通過時には不意の飛び出し等も予見されることから、機関員Bには事故発生場所での停止等の衝突回避措置を行い、危険発生の有無を確認したうえで通過すれば過失は認められなかったと考えられる。

なお、本事例のように信頼の原則の適用を受けない者を走行途上に見かけた場合には、通常の緊急走行よりも慎重な対応が必要である。

119！ あさひヶ丘消防署

第11話　市町村の救急業務

今から考えれば
無理にでも連れて
行けばよかったと思う
今回は実に考えさせ
られる事案であった
ピーポー
「男性の急病人
飲酒による酩酊の
模様」という出場
指令を受け
私はある
救急活動現場に
出場した
現場は
繁華街の
ど真ん中で
男性が座り込み
友人が
付き添って
近くには嘔吐した
跡も見られたため
すぐに観察したところ

意識清明とは
いえないが
それ以外には
目立った外傷もなく
アルコール臭がしたため
「単純酩酊」とも
思われたが念のため――
病院に搬送することとした
するとBは
病院は
いいです
とかたくなに
搬送を拒否
ただ酔ってる
だけですから
結局私の重ねての
説得にも応じず
搬送を拒否したため
拒否の署名をもらって
その場を
引き揚げた――
ところが後日
これが思わぬこととなった
搬送を拒否した
Bの両親を
名乗る夫婦が
消防署を訪れ

話し始めるや
息子を返してください
と泣き崩れた
事情が分からず父親に話を聞いたところ
救急隊が引き揚げた2時間後Bは別の場所で倒れ
そのまま病院に運ばれ〝帰らぬ人〟となった
原因は頭蓋内出血でBが搬送を拒否したときにはすでにその兆候が始まっていたとのことであった
息子が命を失ったのは救急隊のせいだ
訴訟も辞さない様子の両親に私としては今はただ悔やむばかりなのですが
この場合どのように考えればいいのでしょうか

第11話　市町村の救急業務

今でこそ「消防」を支える重要な柱の一つである救急業務であるが、もともと「消防」の定義が「火災の警防及び予防活動」という内容を予定していたため、消防機関が行う救急業務に関する法律構成はあいまいなものであった。

実は、消防機関の行う救急業務の沿革は昭和八年にまでさかのぼるが、戦後、消防法（以下「法」という）及び消防組織法（以下「組織法」という）が制定されても、その法的な根拠が明らかにされなかった。

そのため、救急業務の実施は市町村の任意に委ねられるという不安定な状況のうえで行われていた。

その後、昭和三八年の段階で救急業務実施市町村が二一四市町村を超え、人の命に直接結びつく救急業務を各市町村の自主的判断に委ねておくことは適当ではないと考えられるようになった。

そこで、同年、消防法の一部改正を経て「救急業務に関する規定」が新設され、現在まで同部分の規定については数回の改正を経て今日の内容に至っているのである（救急隊員用教本作成委員会編集「救急隊員標準テキスト」）。

さて、「救急」とはある辞書によると「急場の難儀を救うこと。特に急病や怪我に応急の手当をすること」と文言上定義されているので、この定義にのみ従えば「救急業務」の守備範囲は非常に広範囲に及ぶと考えられる。

しかし、消防機関として対応するからには装備・技術ともにその限界があること、及び地方自治法第二条により「自治事務」として救急業務の一部を市町村の他の機関に対応させることも可能であることから、法は「消防機関の行う救急業務」の範囲を定め（第二条第九項）、これに該当するものについては消防機関で実施するという法律構成をとっている。

現に、「感染症罹患者の搬送」のように一見すると消防が対応するように思われる事案でも、関係法令（「感染症の予防及び感染症の患者に対する医療に関する法律」）により他の機関（感染症の場合には原則として都道府県知事）の業務とされる事案もある。

実務における考え方

救急活動は、本来、「医療機関等へ緊急に搬送する必要がある傷病者がいる。だからこそ、救急要請の通報が行われる」という前提があるはずなのに、「搬送を拒否する事案」に出会うことがある。これには、「救急車が来るまでに治ったから」「事を大げさにしたくないから」、第三者が通報した場合などは「自分は救急要請していないから」など、拒否理由には様々なものがある。

その一方で、救急隊員は、現場観察で把握できる傷病者の容態には限界があるため、仮に傷病者が「軽症」であると判断できる場合であっても、医療機関で正確な判断がなされるまでは傷病者に最悪の事態が生じる可能性もあることを念頭に、「医療機関への搬送」を拒否者に促そうとする。

そのため、搬送拒否事案は現場で傷病者と救急隊員の意見が食い違い、救急隊員としては対応に苦慮する事案もある。

そこで、このような拒否事案に遭遇した場合、どのように考えるべきなのか、以下で検討する。

まず初めに、そもそも「自己加害が権利として認められるのか」という点について考える必要がある（これは講学上、「自己決定権」として憲法で登場する論点である）。

これについては、諸説があるものの、憲法第一三条により、自己の信念に基づいて行われた自己加害行為は「他者の権利を害する」「公序良俗に反する」という事情のない限り、尊重されると考えられる。

裁判例にも、

「人が信念に基づいて生命を賭しても守るべき価値を認め、その信念に従って行動すること（このような行動は、社会的に優越的な宗教的教義に反する科学的見解を発表すること、未知の世界を求めて冒険をすること、食糧事情の悪い状況下で食糧管理法を遵守することなど枚挙にいとまがない。）は、それが他者の権利や公共の利益ないし秩序を侵害しない限り、違法となるものではなく、他の者がこの行動を是認してこれに関与することも、同様の限定条件の下で、違法となるものではない。」として、「患者が信仰する宗教の教義から医師と結んだ無血手術の合意」を有効と判示したものがある。

（東京高判平成一〇年二月九日、判時一六二九号三四頁「エホバの証人輸血拒否控訴審判決」）

これは、医師の医療行為においては、「患者の自己決定権を保障するため、当該医療行為の内容・目的等を説明して患者の同意を得なければならない」というかたちで示され、講学上「インフォームドコンセントの法理」と定義されている。

（判例同旨：最判昭和五六年六月一九日、判時一〇一一号五四頁「頭蓋骨陥没骨折の傷害を受けた患者の開頭手術を行う医師といわゆる説明義務の範囲について判示した事例」）（畔柳達雄・林豊「民事弁護と裁判実務⑥損害賠償Ⅱ（医療事故・製造物責任）」）

したがって、救急隊員の行う応急処置及び医療機関への搬送についてもこれと同様の考え方が適用されると考えられ、容態観察の結果、明らかに〝生命の危険が生じる可能性がある〟という場合以外は、原則として傷病者の意思を尊重する必要があると考えられる。

次に、拒否の表示をする者（以下「拒否者」という）がどのような態様である場合、拒否が有効となるかである。

これについては、拒否者が「成人で正常な判断能力を有し、要請に至る経緯及び容態観察の結果、救急隊員として求められる知識から〝生命に危険が生じる可能性がない〟と判断できる場合」には、搬送拒否に応じても支障がないと考えられる。

これに対し、傷病者の法定代理人（現場では親権者が圧倒的に多い）又は未成年の傷病者が拒否の意思表示をした場合には問題となることが多い。

前者については、確かに、親権者には「子の監護教育権」が認められている（民法第八二〇条）が、これに基づいた応急処置を拒否するという親の意思は、特に正当な理由がなければ公序良俗に反し認められないと考えられる（民法第九〇条）。

後者については、意思表示をする未成年者に「拒否することによりどのような結果になるか認識できる能力」（事理弁識能力）があれば意思表示も有効であると考えられる。

ただし、これに対しては、未成年者の判断能力は不十分であるから、未成年者の自己加害については未成年者の意思を抑制してでも介入しようとする考え方も有力になってきている（講学上「限定されたパターナリスティックな制約」という）。

したがって、未成年者の場合には軽症で治療行為を受けなくても短期間での自然治癒が予測できるような事案を除いては、医療機関に搬送するのが望ましいと考えられる。

なお、これ以外の者には「第三者の搬送行為について拒否する権限」は法律上認められない。

本事例の検討

本事例は、救急隊長が傷病者の搬送拒否に遭遇し不救護対応としたところ、後日その傷病者が死亡し、遺族が隊長に抗議してきたという事例である。

まず、到着時の傷病者の状況は、3―3―9度分類（ジャパンコーマスケール：ＪＣＳ）の「意識レベルⅠ」に当たり、未だ判断能力の喪失若しくは耗弱とはみられない状況と考えられるので、傷病者の意思表示は有効であると考えられる。

そのうえで、傷病者が死亡に至る傷害は救急隊到着時にすでに発生していたのだから、搬送拒否の意思表示を振り切ってでも傷病者を搬送する義務があり、それを行わなかった救急隊長には過失があるという遺族の主張については、

「救急隊は到着時に傷病者及び友人から頭部外傷に関する情報を得ることができなかったこと（すなわち結果発生を予見できなかったこと）」及び、

「念のため搬送するという救急隊長の度重なる申し出にも傷病者は応じなかったこと（すなわち結果回避ができなかったこと）」

の点から救急隊長の過失は否定される可能性が高いと考えられる。

なお、このような搬送拒否事案については、後日紛争事案となる可能性があることから、相手方の拒否の意思を明確にするため「署名」をもらうとともに、不救護に至る経緯をできるだけ詳細に救急活動記録票に記載するのが予防法務の観点からも望ましいと考えられる。

119！ あさひヶ丘消防署

第12話　救急活動における搬送先医療機関選定

今はただできるだけのことはすべてやった
——そんな思いで一杯の事案である
深夜「自宅の階段で転倒した」という通報を受け
我々はある救急活動現場に出場した
ピーポー
現場では老人女性が階段下で座っており
患部を押さえる状況からして「転倒による腓骨骨折」を疑った
観察の結果それ以外には目立った外傷が見られなかったため
私は整形外科を診療科目とする病院への搬送選定を隊員に命じた

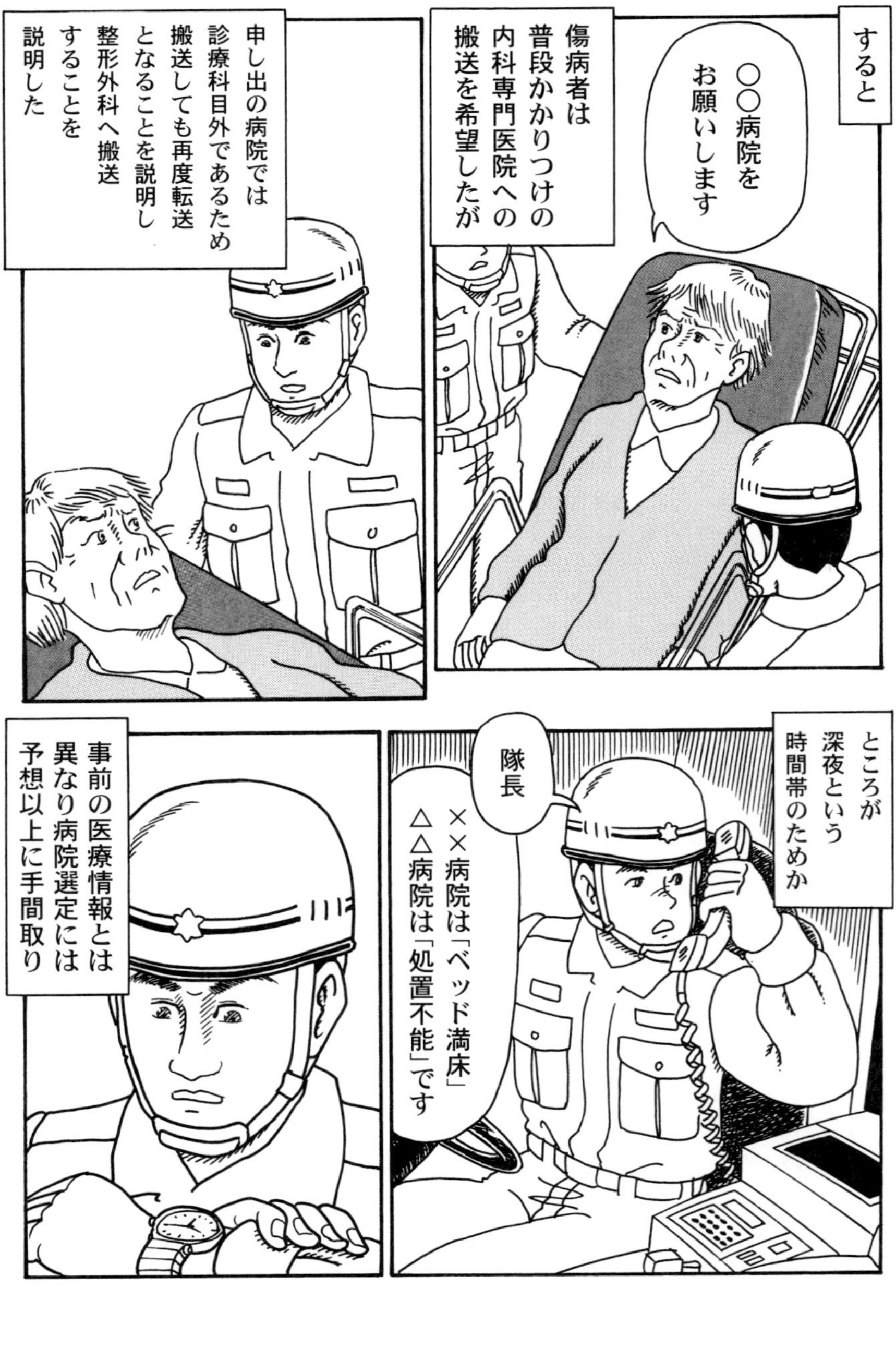

すると
○○病院を お願いします
傷病者は 普段かかりつけの 内科専門医院への 搬送を希望したが
申し出の病院では 診療科目外であるため 搬送しても再度転送 となることを説明し 整形外科へ搬送 することを 説明した
ところが 深夜という 時間帯のためか
隊長
××病院は「ベッド満床」 △△病院は「処置不能」です
事前の医療情報とは 異なり病院選定には 予想以上に手間取り

結局本部の
指令室を経由して
到着に20分かかる病院へ
搬送することとなった
ところが
後日
この事案で
例の患者の家族から
電話があり
何であんな
病院なんだ！
……と
搬送先病院の
接遇が
非常に悪いこと
及び救急隊の
現場での対応等に
苦情が寄せられた
私としては
できる限りの
ことをしたの
ですが
この場合は
どのように
考えれば
よいので
しょうか

第12話　救急活動における搬送先医療機関選定

本来、傷病者の容態を快方へと向かわせる「医行為（「医師の医学的判断及び技術をもってするのでなければ人体に危害を及ぼし、又は危害を及ぼすおそれのある行為」をいう）」は、適切な判断及び技術水準に従って行われなければ、人体に危害を及ぼすおそれがあるという「諸刃の剣」的な性格を有している。

そのため、公衆衛生上の観点から人体に影響を及ぼし、又は危害を及ぼすおそれのある一切の行為である「医行為」を「業」とするには、「医師」でなければならないと規定されている（医師法第一七条）。

本条文を受けて、救急隊員及び救急救命士の行う処置についても、「医師の管理下に置かれるまでの間」（消防法第二条第九項）、「病院又は診療所に搬送されるまでの間」（救急救命士法第二条第一項）という表現を採り入れて、医療機関搬送までの処置であること及び医療機関への搬送を予定していることを規定している。

したがって、「救急活動現場で傷病者の申し出により外傷をガーゼ等で被覆し、相手方の要望でその場で引き揚げる」という類の活動は、消防法に規定する救急業務には該当せず、「搬送拒否事案」として評価されるので、慎重な対応が必要となると考えられる。

実務における考え方

救急活動現場において、救急隊を悩ませる大きな事案の一つに「医療機関選定の難しさ」が挙げられる。

特に、時間帯及び診療科目によっては、収容医療機関の選定に時間がかかり、現場出発に時間がかかる事案も数多く見受けられる。

傷病者の容態によっては一刻も早く医療機関へ搬送しなければならない事案もあり、搬送先で傷病者が死亡するという最悪の事案の場合には、「なぜ、もっと早く医療機関に運んでくれなかったのか」という遺族の〝怒りの矛先〟が消防機関に向けられ、状況によっては訴訟にまで発展する場合もある。

そこで、救急隊が医療機関選定を行う際の法律構成について以下で検討する。

まず、本事例でも論点となっている「人の命を救う医療機関がそもそも収容を拒否することができるのか」について検討する。

これについて、医師法第一九条第一項で「診療に従事する医師は、診察治療の求めがあった場合には、正当な事由がなければ、これを拒んではならない。」と規定し、「正当の事由」があれば拒否できるとしている。

そのうえで、裁判例は、

「医師の不在又は病気等により事実上診療が不可能である場合（実務上「処置不能」といわれる状態等）」及び、

「診療を求める患者の病状、診療を求められた医師又は病院の人的・物的能力、代替医療施設の存否等の具体的事情によっては収容が不可能である場合（実務上「ベッドの満床」といわれる状態等）」

が正当事由の一例に当たるとしている。

(千葉地裁昭和六一年七月二五日、判タ六三四号一九六頁「診療要請を断り他に転送のところ、患者が気管支肺炎により死亡するに至った場合に、適切な対応により救命できたとして、医師の過失に基づく病院の責任を肯定した事例(君津中央病院第一審判決)」)。

したがって、救急隊からの傷病者の搬送要請に対して、医療機関からの拒否が認められる場合があるため、平素から消防機関は医療機関情報(時間帯ごとにおける診療可能科目、ベッド空き状況等)を収集し、病院選定の際に齟齬が生じないようにする必要がある(事前情報の重要性)。

次に、「救急活動現場における医療機関の選定と救急隊の過失」という点から、どのような場合に選定に際して過失が認められるのかについて検討する。

(なお、検討に際しては、救急隊による医療機関選定の際の重要な要素として「傷病者の症状に適応した医療を速やかに施し得る最も近い医療機関を選定する」、及び「傷病者及び家族などから特定の医療機関への搬送を依頼された場合には、傷病者の症状及び救急業務に与える影響を勘案し可能な範囲において依頼された医療機関に搬送する」という点を考慮して検討する)

まず第一に、選定にあたっては「症状に適応した医療機関へ搬送すること」が原則であるため、傷病者の症状に適応しない医療機関へ搬送した場合には過失が認定される可能性が高い。

したがって、現場では、傷病者のバイタルサインを記載し、その点数を加算することにより傷病者の重症度・緊急度を容易に判断し、医療機関選定の資料となる「スコアカード」を有効に活用する必要がある。

第二に、事前の情報では収容可能となっていた医療機関に実際に搬送要請したところ、様々な理由で搬送を断られ、結果的に搬送に通常よりも長い時間を費やし、それにより傷病者の容態の悪化が認められた場合、「病院選定を行った救急隊の行為に過失があると評価されるのか」が問題となる。

これについては、まず、救急隊が医療機関選定の原則に従わなかった場合又は医療機関に関する事前の情報を有効に活用しなかった場合には、過失の認定が行われる可能性がある。

そのうえで、このような要素に関する判断を的確に行ったにもかかわらず、結果的に病院選定に時間がかかり、それにより容態の悪化をもたらした場合、過失が認定されるのかが問題となる。

これについて、判例は、「過失の有無を判断される者の職業・社会的地位・立場等に照らし、予見又は防止が社会通念上不能である場合には過失はない」旨を過失認定の判断内容として判示し、過失が認められるのは「結果予見義務違反」及び「結果回避義務違反」が必要であるとしている（大判大五年一二月二二日、民録二二輯二四七四頁「大阪アルカリ会社事件」）。

したがって、判例の傾向からすると、救急隊が現場で搬送原則・事前の情報収集等医療機関選定に必要な手続をすべて行ったにもかかわらず、収容依頼医療機関から拒否されたため結果的に選定に時間を費やし、これが傷病者の容態の悪化をもたらした場合であっても、救急隊としては「選定にあたりやるべきことをすべて行った」うえでの結果発生であることから、「結果回避義務違反」が認められず、過失は成立しないと考えられる。

本事例の検討

本事例は、救急隊長が対応した事案について、医療機関選定の不適切があるとして苦情を言われた事案である。

まず、受診科目の選定であるが、傷病者の容態は観察の状況から「右腓骨骨折の疑いのみ」でそれ以外の外傷もなく、受傷部も閉鎖骨折であるため、生命に直接影響を及ぼすとも認められないので、直近の整形外科を診療科目とする医療機関への搬送が妥当である。

また、相手方から搬送医療機関の要望が寄せられたが、当該医療機関の診療科目は内科のみであることから本傷病での搬送先としては不適当であるとした救急隊長の判断は妥当である。

次に、選定に手間がかかり、現場出発に時間を要した点である。

これについて、隊長は事前の医療機関情報に基づき搬送先の選定を行ったが、事前情報では収集しきれない理由で医療機関から収容拒否を受け、結果的に選定に時間を要することとなった。

したがって、隊長としては本部への選定要請も含め現場でできる限りのことはすべて行ったのであるから、結果回避義務を尽くしたと認められるので隊長の選定に関する一連の行為に過失は認められないと考えられる。

なお、本事例については、相手方から搬送先の医療機関に関する苦情も寄せられているが、選定に際しての医療機関の判断要素はあくまでも「当該傷病に適切な医療行為を施せるか」という点であり、医療機関内部での接遇は選定要素に取り込んでいない。

よって、このような苦情が寄せられた場合には、再度搬送決定に至る経緯を相手方に十分説明し理解を求め、それでも納得がいかないような場合には当該医療機関に苦情を申し出るよう促すのが妥当であると考えられる。

119！ あさひヶ丘消防署

第13話　傷病者の所持品の管理

「とっさのこと」とはいえやはり私が悪かったのだろうか
今回はそんな思いに苛《さいな》まれる事案だった
「20代女性飲酒後酩酊状態となり歩行不能」という指令を受け
ピーポー
私はある救急活動現場に出場した
現場では飲食店の前に若い女性が座り込んでおり
観察の結果急性アルコール中毒の可能性が高いと判断し
○○病院選定！
私は直近のある病院を選定した

選定は
スムーズに
行うことができ
すぐに搬送する
ことができたが
深夜という
時間帯も
あってか
先に到着した
傷病者が
ベンチに座って
待っていた
ここで
しばらく
待ちましょう
と私は
状況を説明し
その場で待機した
5分もたった
ころだろうか
うっ

傷病者が嘔吐をもよおし
慌ててその対応をしていると
傷病者の携行品であるバッグがなくなっているのに気づいた
バッグには貴重品や現金が入っており
紛失したのは救急隊のせいだから弁償してほしいというのだが
この場合どのように考えたらよいのでしょうか

第13話　傷病者の所持品の管理

「救急活動は救命を主眼とする」という記述に表されるように、救急活動においては傷病者の身体状況への配慮を最優先にする必要がある。

消防法（以下「法」という）の立法者も、この点を十分に配意し、救急業務の対象を規定した法第二条第九項においても「傷病者本人を医療機関へ搬送すること」を主眼とした内容が規定されている。

さて、実際の救急活動現場においては、本事例のように法第二条第九項には直接規定されない活動が救急隊員によって行われることがよくある。

そこで、そのような行為の法的根拠についてどのように考えればよいのかが問題となる。

これについては、前記条項以外に法第一条（消防法の目的）をも根拠条文にするという考え方もあるが、同条は、

① 法全体の目的を規定したもので、その内容が抽象的であること

② 立法方法として、消防機関が行う権限行使については同条以外にもその内容を定める条文が必ず規定されていること

（例：法第一条では「火災の鎮圧」が規定されているが、実際の警防活動については法第二九条等活動内容を具体的に規定する条文が存在する）

からすると、法第一条のみを直接の根拠条文とするのは法の予定するところではないと考えられる。

したがって、個々の救急活動において限界事例と推測されるものについても、原則としてその法的根拠は法第二条第九項の解釈を基本として考える必要がある。

実務における考え方

実際の救急活動現場においては、救命対応により傷病者を早急に医療機関に搬送する等の特別の事情がない限り、傷病者に所持品があり、傷病者とともに車内収容が可能な場合には医療機関へ一緒に搬送・管理する場合が多い。

しかし、この傷病者の所持品搬送・管理については、「他にも現場に所持品があった」「所持品の一部がなくなっている、若しくは壊れている」等様々な苦情が寄せられる場合があり、現場の救急隊員を悩ますことの多い案件の一つである。

そこで、以下では「傷病者の所持品搬送・管理の法的根拠」及び「所持品が紛失した場合の考え方」について検討する。

まず、「傷病者の所持品の搬送及び管理が消防法上の義務であるか」について検討する。これについては、

① 文理上、法第二条第九項には傷病者の所持品搬送等に関する記述がないこと

② 立法趣旨からも同条は傷病者の容態の悪化を防止するため早急に医療機関に搬送することを目的としていること

③ 仮に所持品の搬送が義務であるとすると、傷病者の容態が救命対応を要する事案であっても現場で同人の所持品を検索・確保するまでは現場出発ができない状況となり、これでは法第二条第九項の趣旨に反すること

からすると、所持品の搬送等まで法は救急活動現場で求めていないと考えられる。

しかし、

① 傷病者の容態観察から判断して同人の所持品を検索・搬送しても容態に影響を与えないこと

② 所持品の搬送・管理が容易であること

③ 救急隊員以外に所持品を搬送・管理する者が見当たらないこと

④ 傷病者本人による所持品の携行・管理が不可能若しくは困難であること

という要件が認められる場合には、「社会通念上、救急隊員による搬送・管理が求められている」、すなわち「条理上の義務」があるとも考えられる。

したがって、所持品の不搬送に関して、後日、傷病者等から苦情が寄せられた場合、一概に「法律上の義務なし＝過失なし」と考えるのは早急で、条理上搬送が求められるような場合には過失が認められる余地もあるので救急活動記録表・出場隊員の証言・活動現場の状況等を詳細に整理しておく必要がある。

次に、救急隊員が搬送を決断し、管理していた傷病者の所持品が紛失した場合について検討する。

まず、傷病者本人に代わって所持品の管理・搬送を救急隊員が行ったことについて法律上どのような評価を受けるのかについて検討する。

これについては、意識障害があるために意思表示ができない傷病者の所持品を本人の意思を推測して搬送・管理するという行動は、民法で規定する「事務管理」（第六九七条）に該当するかが問題となる。

これについては、仮に事務管理と評価した場合、

① 所持品の管理を行っていることについて本人への通知義務がある（民法第六九九条）

② 傷病者本人、その相続人又は法定代理人が管理することができるまで所持品の管理を継続する
（同法第七〇〇条）

と規定されている。

しかし、実際の救急活動現場における傷病者の所持品管理については、搬送先医療機関の医療従事者に引き渡して管理を終了している場合が多い実情からすると、救急隊員に所持品管理についての事務管理を行う意思があるとまでは考えられない。

したがって、事務管理の規定は適用されないとの評価を受け、所持品の紛失があった場合には専ら「国家賠償法」による検討が妥当であると考えられる。

そこで、所持品の紛失が国家賠償法第一条に該当するかについて検討する。

同条では、「①国又は公権力の行使に当る、②公務員が、③その職務を行うについて、④故意又は過失によって、違法に他人に損害を加えた」ときは、国又は公共団体に賠償責任を課すとしている。
①の要件について条文上は「公権力の行使」となっているが、判例では非権力的な行政活動でも認めていること、
（最判昭和六二年二月六日、判時一二三二号一〇〇頁「国家賠償法第一条第一項に規定する『公権力の行使』には公立学校における教師の教育活動も含まれると判示した事例（横浜市立中学校プール事故訴訟上告審判決）」）
③については、客観的にみて職務の外形を備えていれば認められること、
（最判昭和三一年一一月三〇日、民集一〇巻一一号一五〇二頁「国家賠償法第一条にいう公務員が職務を行うについて違法に他人に損害を加えた場合に該当するものとされた事例」）

からすると救急隊員による所持品搬送も該当すると考えられる。

②については、救急隊員は地方公務員としての身分を有する以上該当する。

一番の争点となるのは④であるが、傷病者の容態管理が救急活動の主眼である以上、所持品紛失についての過失判断についても、傷病者の観察・処置等を行う中でどの程度の所持品管理ができたかという観点から判断する必要がある。

したがって、傷病者対応に集中したために、結果的に紛失してしまった場合などは、過失を認定される可能性は低いと考えられる。

本事例の検討

本事例は救急隊長が傷病者対応に追われたために、結果的に同人の所持品を紛失した事例である。

隊長は、「傷病者の容態から嘔吐及び嘔吐物による窒息の可能性があるとしてストレッチャー上で側臥位にし嘔吐に備えていたこと」及び「傷病者の所持品については、隊長の管理可能な場所に置いていたこと」が認められる。

酩酊者の嘔吐は個人差はあるものの突然にやってくるため予測が難しい場合が多く、嘔吐物による窒息を避けるためにも十分な管理が必要である。

そのため、隊長のとった一連の行動は適切で、所持品の紛失に対する過失の認定についても、その要素である予見可能性及び結果回避可能性ともに低いので、認められる可能性は低いと考えられる（なお、仮に当該病院では平素、所持品紛失事件が多いとの情報を入手していれば過失認定の可能性は高くなる）。

なお、傷病者の所持品管理については後日トラブルになる事案が見受けられることから、意識障害があり自己の携行品を管理できない傷病者の所持品を搬送・管理する場合には、所持品の保管を①保護者、

②警察官、③医師又は医療関係者、④その他適当と認められる者、の順に依頼するとともに、救急活動記録表にその内容を記載しておく姿勢が平素から必要であると考えられる。

119！ あさひヶ丘消防署

第14話　バイスタンダーの応急手当による事故

普段
よくやってくれているだけに
どうしていいか…
今回もそんな思いに悩まされる
事案であった
私の署の管内に住む
自治会長Ｂさんは
普段から消防に
非常に協力的な人で
応急救護の
普及についても
今度応急手当の
訓練をしますから
ぜひ来てください
さいね
というように
非常に熱心だった
そんなＢさんが
先日街中を
歩いている際に
胸部痛を
訴える傷病者を
発見した

大丈夫ですか？
胸が痛いんですか？
呼びかけ反応をしたが
女性は苦悶の様相を示すだけで呼びかけ反応に応じないため
緊急性を感じたBさんは救急要請のために近くの公衆電話に向かったが
戻ってみると傷病者はぐったりして呼吸及び脈を感じない状態であったため
すぐに傷病者に対して講習で習った心肺蘇生法を行ったのだが
異音とともに傷病者の胸部に違和感を感じ

慌てて胸部を
見たがよく
分からない
うちに救急隊
が到着した
その後傷病者は
近くの病院に
搬送され
心臓疾患の重篤と
判断されたが
その際心臓マッサージによると
思われる胸部の骨折があることが
傷病者の家族に告げられた
傷病者の
家族はこの件で
Bさんに苦情を
言い、Bさんは
こんなことなら
もう二度と
処置はしない
と
私に言って
きた
普段協力的な
Bさんの行動だけに
今後のことも考え
どのように考えれば
よいのでしょうか

第14話　バイスタンダーの応急手当による事故

「何回電話したら来るんだ！　来るのが遅かったじゃないか！」

救急活動現場に到着して最初に言われることの多い苦情である。傷病者及びその周りの者にとっては、わずかな時間でも長く感じるために、このような苦情が寄せられるものと思われる。

これに対して、各消防機関ともこれまで、「現場への迅速な出場」いわゆる「レスポンスタイムの短縮」に向けて数多くの努力をしてきた。

しかし、平成二二年版の「消防白書」によると、救急出場におけるレスポンスタイムは全国平均で七・九分であり、この時間は救急隊による処置ができない空白の時間帯となっている。

この七・九分という時間については、「応急手当の普及啓発業務」において、「空白の五分」と表現されることがよくある。

この時間は、わずかな時間ともとらえられるが、傷病者の容態によっては、その後の運命を左右する非常に重要な五分となる。

呼吸停止からの経過時間と蘇生率の関係を示した「カーラーの救命曲線」によると、呼吸停止約二分後に蘇生法を開始すれば傷病者の約九〇％が助かるのに対し、呼吸停止五分後に開始すると約七五％は助からないとされている。

すなわち、救急隊のみの処置では、平均的なレスポンスタイムを参考にした場合、何らかの原因により心肺停止状態に陥った傷病者の約八割近くを救うことができないということを意味している。

さて、前話までの解説であればここで「消防法（以下「法」という）の立法者もこの重要性を十分に考慮し、第○○条を規定した」という記述になる（火災の場合についても、レスポンスタイム内で拡大する危険性を抑えるため法第二五条（応急消火義務等）を規定し空白の時間帯への対応を予定している）。

ところが、レスポンスタイム内における傷病者への応急救護処置（以下「処置」という）については、傷病者が災害により発生した場合には法第三六条第七項を基に法第二五条を準用し行うという方法も考えられるが、本事例のように疾病により医療機関への搬送が必要となる傷病者に対しては、一般的に処置の義務化を規定した条文は法には存在しない。

確かに、市町村によっては、条例で「住民の責務」として応急救護知識の修得を規定するものもあるが、救急活動現場で処置を義務付ける直接の根拠規定とはならない（例：東京都条例第五六号「救急業務等に関する条例」）。

これには、

① 疾病による傷病者が置かれる状況は、災害と異なって「公共危険」的な性格を有しないこと（すなわち、傷病者の周りの者に危険が及ぶ可能性が低いこと）

② 処置は、その実施内容によっては傷病者の容態を悪化させるおそれもあることから法律であえてすべての人に一義的に義務付けるのは妥当でなく、むしろ「知識を持った者」による「自発的な処置」を期待する方法が望ましいと考えたためと思われる。

すなわち、バイスタンダーによる処置は、他法令（例：道路交通法第七二条「交通事故の場合の措置」）、法律行為、条理及び慣習により処置を行わなければならないという法的評価を受ける特定の者を除き、善意により自発的に行われることが原則である点に留意する必要がある。

実務における考え方

救命講習の際によく聞かれる質問の一つに、「応急手当を行って傷病者の容態が悪化した場合、責任をとらなければいけないのでしょうか」というものがある。

これは特に、心臓マッサージの指導の際に聞かれることが多い。

確かに、処置を行う者（以下「救護者」という）の立場で考えると、「善意で行ったのに、悪い結果となった場合にはその責任も取らされるのでは納得いかない」と考えるのは当然である。

そこで、以下では「法的に救護義務のない救護者の行った処置で傷病者の容態を悪化させた場合、どのように考えるのか」について、特に民事関係について検討する。

まず、「救護者と傷病者の関係」についてであるが、救護者と傷病者が特別な法的関係にある場合を除いて、一般的に救護者には救護についての法的な義務が認められない以上、両者の関係は、救護者を「管理者」、傷病者を「本人」とした民法第三編第三章に規定する「事務管理」に該当すると考えられる。

さらに、その中でも救護者による処置は、特に「被災者の身体に対する急迫の危害」を取り除くために行われる行為であるため、「緊急事務管理」（民法第六九八条）に該当すると考えられる。

緊急事務管理とは、その名のごとく事務管理の中でも特に緊急性を要する事案について認められるもので、通常の事務管理よりも「管理者」を保護する必要性が高いとの立法趣旨から、損害が発生しても、管理者に悪意又は重過失が認められる場合を除いて、管理者が損害に対する責任を問われることはない。

なお、この場合の悪意とは「処置による容態の悪化が予見できるのにあえて行った場合」、重過失とは「わずかに注意すれば、処置による容態悪化を予見することができたのにこれを漫然と見逃した場合（最判昭和三二年七月九日、民集一一巻七号一二〇三頁「失火ノ責任ニ関スル法律」但書の「重大ナル過失」の意義について示した判例」）が該当する。

これを基に、実際の一般市民による処置、特に心肺蘇生法を必要とする傷病者がいる現場について検討すると、現場には傷病者の外見及び周囲の状況から、救護者に冷静な判断と実施マニュアルに従った完璧な処置を期待するのは極めて困難な状況がある。

また、救護者には、仮に救命講習等を受講していても、そのレベルは個々により差があり、通常は処置を実施する場面に遭遇すること自体がまれであることから、その技術レベルをいつも講習享受時と同一に保つことは困難な状況がある。

したがって、救護者はこのような中でも、あえて善意で処置を行ったのであるから、その行為は法的に十分に保護されるべきであり、悪意又は重過失がない限り、善意で実施した処置の結果について民事的責任を問われることはないと考えられる（同旨：「交通事故現場における市民による応急手当促進方策委員会報告書」平成六年総務庁長官官房交通安全対策室）。

本事例の検討

本事例については、Bに基本的に救命講習等で教えられたとおりの方法で「観察→心肺蘇生法」を行っている事情が認められる限り、民事上の損害賠償責任を問われる可能性は非常に低いと考えられる。

確かに、救命講習のテキストでは、心臓マッサージ時におけるろっ骨骨折の可能性として「圧迫する際の手の位置、重ね方、圧迫の程度及び方向等」を挙げている。

しかし、前記のように救護者に過大な緊急性及びプレッシャーのかかる救急現場においては、そのすべてを守るのは困難な場合があり、明らかにろっ骨骨折を引き起こす手技を行い、それを認識していたという事情の認められない限り、責任を負う可能性はきわめて低いと考えられる。

なお、類似の事例として、一般市民が救急現場で脈を正確に触診することは困難な場合があるため、脈があるのに心臓マッサージを行ってしまう場合が考えられる。

この場合も、救護者が観察の状況から主観的に心臓マッサージを行う必要があると考えれば、よほどの不注意が認められる事情がない限り「緊急事務管理」に該当すると考えられる。

（裁判例同旨：新潟地判昭和三三年三月一七日、下民集九巻三号四一五頁「緊急事務管理が成立するためには、急迫な危害が客観的に存在することを必要とするかどうかの点についても、同条の立法趣旨からみて、悪意または重大な過失に基かざる限り、単に管理人において主観的にかかる危害が存在すると信じたことをもつて足りる、と解すべきであると判示した事例」）

119！ あさひヶ丘消防署

第15話　傷病者の同意と救急活動の不作為

やはり、最後は傷病者や家族の意見を尊重すべきなのであろうか……
今回は、そんな疑問を私に投げかける事案であった

「寝たきりの老人男性自宅で心肺停止状態」という指令を受け、私は救急現場に出場した

現場では、ベッド上で男性が横たわっており

観察の結果、指令どおり心肺停止状態であることから、救命対応と判断し現場で器具による気道確保及び除細動処置を行うこととした

すると
もう父は十分に苦しんだんです　これ以上苦しめないでください
と傷病者の家族から特定行為を拒否する申し出があった
家族の話では、どうやらこの傷病者は長い間寝たきりで、家族も本人が苦しんできた姿をいやなほど見てきたので、
これ以上傷病者が処置で痛めつけられる姿を見たくないというのである
しかし、傷病者にはまだ蘇生のチャンスがあると判断した私は、
家族にその旨を説明し、処置を実施後、直近の医療機関へ搬送した

総合病院
しかし、病院到着の2時間後、残念ながらこの傷病者は「帰らぬ人」となった
ところが翌日、この傷病者の息子から電話があり
だから言ったじゃないか！最後の最後まで父を苦しめて
といって精神的にも苦しめられたとして、今後訴訟も辞さない様子であるが…
この場合どのように考えればよいのでしょうか

第15話　傷病者の同意と救急活動の不作為

森鷗外の小説に「高瀬舟」という作品がある。

これは、病気で自殺を図った弟に〝とどめ〟を刺し、「弟殺しの罪人」として遠島流刑となった喜助が高瀬川を舟で下る際の心境を通じて安楽死の問題を扱った作品と評され、今回の事例もこれに類似するものがある。

さて、事例はその境遇から「傷病者の安らかな最期を望む」家族と「何としても救命を」と考える救急隊員が対峙する現場であるが、法的にはどのように考えるのかを以下で検討する。

まず、この問題は、講学上「安楽死」又は「尊厳死」という論点で、主に刑法で検討される論点である。

「安楽死」とは、「死期が迫っている患者の激烈な肉体的苦痛を緩和、除去して、患者に安らかな死を迎えさせる行為」であるのに対し、「尊厳死」とは、「回復の見込みのない末期症状の患者に対し、延命措置を中止し、人間としての尊厳を保たせつつ、死を迎えさせること」を示し、両者の違いは「患者に激烈な肉体的苦痛が認められるか」という点にある。

まず、安楽死について検討すると、現行の救急活動では非常に特殊であるが、死期が迫り激烈な肉体的苦痛を伴う傷病者が心肺停止状態になった場合に救急救命士が救命処置を行わなかった場合が考えられる。

確かにこの場合には、救命処置を講じても患者の苦痛を長引かせるだけであるため、救命処置を講じるべき必要はないという考え方もある（講学上「消極的安楽死」という）。

しかし、実際の救急活動では、現場での観察及び関係者等からの情報のみで、傷病者への救命措置の不作為が「消極的安楽死」の要件を満たしていると判断することは非常に困難であるので、このような法的評価を受けるのはきわめて稀な場合で、むしろ大半は「尊厳死」の問題として検討すべきものと考えられる。

尊厳死は主に「不治の病にある患者を人為的に延命措置させることが、患者の人間としての尊厳性を汚さないか」という点に基づいた論点であるが、救急活動現場では傷病者の家族からの求めに応じ、心肺停止状態にある傷病者に救急救命士が特定行為等の救命処置を行わないことができるかという状況が考えられる。

これについては、安楽死とは異なり、
① 苦痛除去という要素がないこと
② 患者の承諾が不可能であること
③ 現場の観察及び情報のみでは回復が不可能である又は死期が切迫していると判断することは困難であること
から、認められる可能性はほとんどないと考えられる。

近時の裁判例も「安楽死」については、「不治、肉体的苦痛」といった点に着目し、
① 患者に耐え難い苦痛がある
② 患者の死期が切迫し、不可避である
③ これまで十分な治療を尽くし代替手段がない

④　患者本人の明示の意思表示があるという要件を満たさなければ、認められないという厳格な姿勢にあることから、①の要件を欠く尊厳死についてはその認定が極めて困難であると考えられる。

（横浜地判平成七年三月二八日、判タ第八七七号一四八頁「末期症状の患者に対する治療行為の中止及び安楽死の一般的許容要件について判示された事例（東海大学安楽死事件）」）

したがって、傷病者が心肺停止状態にある救急活動現場において家族から特定行為等の救命処置を拒否する申し出がある場合でも傷病者に適した処置を行うべきであり、仮に行わなかった場合には「業務上過失致死罪（刑法第二一一条）」が科される可能性があるので十分に注意すべきである。

本事例の検討

本事例は、安楽死（又は尊厳死）を望む家族からの拒否を押し切って、救急救命士である救急隊長が特定行為を行ったことに関する事例である。救急隊長は観察及び家族からの情報より、

①　傷病者は「心肺停止状態」にあることは認めたが、それが「不治の病によるものか」ということについては家族からの言動のみでは明確に判断できなかったこと

②　本当に本人が特定行為を拒否しているのかについては、家族からの言動のみでは本人の明確な意思表示と判断できなかったこと

から予定どおりの特定行為を行った。

結果的には、傷病者は「死亡」という結果となったが、それはあくまでも結果であって、現場で「安楽死及び尊厳死」に対する法的評価が前記のようなものである以上、隊長のとった行動は適切であると考えられる。

なお、傷病者の家族は今回の事例に関して「精神的苦痛」を被ったというが、「慰謝されるべき精神的苦痛」とは、不法行為により精神的苦痛を与えた場合が該当するのであって、事例の行為のように法令に従って適切に行われたものについては適法行為との評価を受けると考えられる以上、慰謝されるべき精神的苦痛は発生しないと考えられる。

119！ あさひヶ丘消防署

第16話　救急業務と現場保存

やはり、ためらった私が悪かったのだろうか
今回はそんな思いに悩まされる事案であった
『河原で人が燃えている』という指令を受け
救急隊長である私は、ある現場に出場した
ウ〜ウ〜
現場に到着すると
こっちだー！
と言いながら、目撃者が私の車両に駆けよってきた
目撃者につれられて土手の上まであがると
そこには、指令どおりの光景があり
目を覆いたくなるような状況であった

ポンプ隊が急いで注水する中で
救急隊長！早く容態観察しろ！
というポンプ隊長の怒鳴り声で我に返った私は
容態観察をすべく傷病者に近づいた
観察の結果、火傷がほぼ全身に及んでおり、大部分はⅢ度熱傷で
特に、頭部、顔面及び両下腿部の損傷状況がひどく、一部は炭化し、頭髪は焼け焦げていた
また、総頸動脈でも脈拍を触知できず、呼吸もなく
呼びかけ及び手持ちの強力ライトを顔面にあてても全く反応がなかった
対光反射を調べるため、まぶたを開けようとしたが
無理に開けようとすると損傷のおそれがあるため、実施しなかった
近くには傷病者が被ったと思われる灯油缶もあったが

警察官から
事件の可能性もあるので、死亡が確実ならば現場保存したいのですが
という申し出もあり
観察の状況から判断して、傷病者はすでに死亡していると判断した私は
現場保存をしたうえで、警察官に現場を引き継いだ
ところがこの活動が後日、ある問題となって浮上した
この傷病者の妻と名乗るものが来署して
河原では主人はまだ生きていたはずです あなたが、運んでくれなかったから死んだんです
といって不救護としたことについて抗議してきた
相手方は、今後、何らかの法的手段も考えていると言ってきているのですが
この場合、どのように考えればよいのでしょうか

第16話　救急業務と現場保存

「医者でもないのに死亡確認ができるのですか」……傷病者が明らかに死亡している場合でも関係者からこのようなことを尋ねられる場合がある。

確かに、「救急活動は救命を主眼とする」と表されるように、救急隊員は医師のような死亡確認の権限を有しない以上、医師の死亡確認を受けるまでは救急業務を継続すべきであるという考え方も成り立つ。

しかし、救急実務においては「明らかに死亡している状態にある傷病者」については、救急業務の対象としていない。

そこで、以下では「なぜそのような理論構成となるのか」について考え、本事例について検討する。

「明らかに死亡している」と評価できる傷病者の判断要素

「消防機関はなぜ、消防活動を行うのか」……抽象的な質問であるが、これに対する答えが「なぜ明らかに死亡している状態にある傷病者を不救護事案として対応できるのか」に対する答えとなる。

消防法（以下「法」という）の立法者は、消防の存在目的として法第一条（目的）を規定し、同条では「なぜ消防機関が消防活動を行うのか」に対する答えとして、「安寧秩序を維持し、社会福祉の増進」のために、「保護すべき生命・身体・財産」及び「軽減すべき被害」があるからという答えを用意している。

そこで、これを基に考えると、「明らかに死亡している状態にある傷病者」は、現代の医学では回復させることのできない「死」という状態にあるため、法第一条で規定される「被害を軽減できる状態」にはない。

そのため、死亡者は「軽減すべき被害」がないとして法第一条の対象には該当せず、救急業務の対象とならないのである。

なお、救急業務実施基準においても第一五条において「隊員は、傷病者が明らかに死亡している場合又は医師が死亡していると診断した場合は、これを搬送しないものとする。」と規定されているが、これもこの考え方に基づいている。

さて、明らかに死亡している者への対応に関する法的構成は前記のとおりであるが、救急隊員に最終的な死亡確認を行うことが法的に許されておらず、また実際の救急現場では、一見して「明らかに死亡している」と判断するのが困難な事例が多い。

そのため、「明らかに死亡している場合」とは、「頸部又は体幹部の離断が確認された場合」「死後硬直が認められる場合」「死斑の状況等から一見して判断される場合」及び「観察の結果、明らかに死亡していると判断される場合」という非常に限定した事例と解されている。

実務における考え方

明らかに死亡している傷病者の判断基準は前述のとおりであるが、特に「観察結果による判断」については、救急現場では悩まされることが多い。

これは、体幹部の離断等の場合には社会通念上も外見から判断しやすいのに対し、観察の場合には外見のみでは判断が困難な場合があるからと思われる。

その一方で、特に傷病者が何らかの犯罪に関係している救急現場においては、「変死体又は変死の疑いのある死体の現場保存義務（検視規則第四条）」及び「犯罪現場保存義務（犯罪捜査規範第八六条～第八八条）」が現場に臨場した警察官には課されているため、犯罪捜査のために現場保存を強く求められる場合が多い。

そのため、救急業務の範囲に該当する救急活動現場であれば「現場保存よりも救命が優先する」という評価を受け、消防が率先して傷病者を安全な場所へ移動及び医療機関へ搬送を行うことができるのに対し、明らかに死亡している場合には救急業務の範囲外であるため「現場保存義務が優先する」という関係から、傷病者を移動させるにも警察との調整が必要となる。そこで、観察結果からどのような要件が認められると「明らかに死亡しているという評価を受けて、現場保存義務が課されるのか」が問題となる。

これについては、諸説があるが、観察の結果「明らかに死亡している」と評価されるためには、

① 意識レベル（ＪＣＳ）が三〇〇であること
② 呼吸が全く感じられないこと
③ 総頸動脈で脈拍が全く触知できないこと
④ 瞳孔の散大が認められ対光反射が全くないこと
⑤ 体温が感じられず冷感が認められること
⑥ 死後硬直が認められること
⑦ 死斑が認められること

の七項目すべてが認められる場合には「明らかに死亡している」と評価できるが、各要素の一つでも

欠けている場合には、傷病者が仮死状態であるとの認識を持って傷病者の救護を積極的に行うことが望ましいと考える。

（同旨裁判例：大阪高判平成八年九月二〇日、判タ九四〇号一七一頁「全身火傷を負って倒れていた女性を出場した消防吏員が観察の結果「既に死亡している」と判断し救護しなかったことについての違法性が争われた事例」）

次に、救急活動現場においては、明らかに死亡していると判断された傷病者であっても、家族又は警察官から搬送を依頼される場合があるが、この搬送について緊急自動車としての走行が認められるかが問題となる。

これについては、道路交通法（以下「道交法」という）を基に考えてみる。

道交法第三九条では緊急自動車の要件について「消防用自動車、救急用自動車その他の政令で定める自動車で、当該緊急用務のため、政令で定めるところにより、運転中のものをいう。」と規定している。

同条での「救急用自動車」が消防法上の救急自動車に、「緊急用務」が救急業務に該当するのかは明らかではないが、消防法と道交法が別の法体系であることからして、「明らかに死亡している者の搬送」が消防法上の救急業務に該当しないとしても、道交法上の観点から緊急性が認められれば緊急走行を行うことも可能であると考える。

そこで、「緊急性」を有するかについて検討すると、「明らかに死亡している場合」にはもはや医療機関で医療行為を受けても「死」という状況からは回復し得ない以上、緊急に医療機関に搬送する必要性も認められないことから、一般に緊急性はないと考えられる。

したがって、このような搬送を行う場合には、救急業務としてではなく、自治体の行政サービスの一環として行うと解し、一般車両としての走行を行うことが妥当であると考えられる。

本事例の検討

以下は本事例の検討であるが、事例の整理として、救急隊長には「意識レベル、呼吸・脈拍の有無、目視による全身状況」については確認を行ったうえで、これらの項目を総合的に判断して、傷病者が「明らかに死亡している」と判断した事実が認められる前提で検討を行う。

救急隊長の行ったこれらの行動について再度検討すると、隊長は死亡判断を行うに際して前記七つの基準のうち①〜③の項目については実施しているが、④〜⑦の項目については確認していない。

確かに、事例の傷病者のように火災で全身熱傷を負った傷病者の容態観察については、受傷に至る経緯及び受傷程度によっては前記七つの項目を判断するのが極めて困難な場合もあるので、そのような場合まで必ず前記七項目を遵守するとするのは、妥当でない場合もある。

しかし、本事例の傷病者は、周囲からの延焼のおそれのない場所において、自らの体に灯油をかけ火を放った状況からすると、火炎による受傷の程度は火災現場のような猛火の中から救出された者に比べると小さいとも考えられる。

したがって、認められる観察内容のみで傷病者の死亡を判断した救急隊長の判断は早計であって、万全を期すためには早期に医療機関に傷病者を搬送し、医師による死亡確認を求める必要があったと考えられる（前掲裁判例同旨）。

〈参考文献〉

執筆にあたり、以下の文献を参考とさせていただきました。

総務省消防庁監修　消防基本法制研究会編著『逐条解説消防法』東京法令出版

石毛平藏『裁判例にみる消防活動と責任―実務のなかの法的知識―』東京法令出版

石毛平藏『判例・消防法学入門』東京法令出版

石毛平藏『消防関係法令の基礎知識』東京法令出版

石毛平藏『消防職員のための過失の理論と実際』東京法令出版

消防大学校編『新・消防関係判例解説』ぎょうせい

原田尚彦『行政法要論』学陽書房

阿部泰隆『国家補償法』有斐閣

東京消防庁監修　救急問題研究会編集『3訂版救急実務ハンドブック』東京法令出版

救急隊員用教本作成委員会編集『救急隊員標準テキスト』へるす出版

立山龍彦『自己決定権と死ぬ権利』東海大学出版会

富田功一『コ・メディカルの医療行為と法律』南山堂

自治省消防庁救急救助課監修　救急救助問題研究会編著『例解救急救助業務』東京法令出版

南敏文・大嶋芳樹・田島純藏『民事弁護と裁判実務⑤損害賠償Ⅰ（自動車事故・労働災害）』ぎょうせい

畔柳達雄・林豊『民事弁護と裁判実務⑥損害賠償Ⅱ（医療事故・製造物責任）』ぎょうせい

まんが 事例で学ぶ消防法〔警防編Ⅱ〕

119！　あさひヶ丘消防署

平成17年8月20日　初版発行
平成23年8月1日　初版4刷発行（平成23年7月15日現在）

編　著　消防法令研究会
作　画　石田　悟
発行者　星沢哲也
発行所　東京法令出版株式会社

112-0002	東京都文京区小石川5丁目17番3号	03(5803)3304
534-0024	大阪市都島区東野田町1丁目17番12号	06(6355)5226
060-0009	札幌市中央区北9条西18丁目35番87	011(640)5182
980-0012	仙台市青葉区錦町1丁目1番10号	022(216)5871
462-0053	名古屋市北区光音寺町野方1918番地	052(914)2251
730-0005	広島市中区西白島町11番9号	082(212)0888
810-0011	福岡市中央区高砂2丁目13番22号	092(533)1588
380-8688	長野市南千歳町1005番地	

〔営業〕TEL 026(224)5411　FAX 026(224)5419
〔編集〕TEL 026(224)5412　FAX 026(224)5439
http://www.tokyo-horei.co.jp/

ISBN978-4-8090-2196-1